Raquel Muñoz Martínez
Raquel Otal Vizcarra

Visto bueno

Der Aufbaukurs Spanisch
Lehr- und Arbeitsbuch

Max Hueber Verlag

Beratende Mitarbeit:
Carmen Pastor, Studienleiterin am Instituto Cervantes in München
Mechtild Lohmann, pädagogische Fachberaterin und Autorin, Essen

Wir danken allen Freunden und Kollegen für die Beratung, die sprachliche
Durchsicht und die Erprobung im Unterricht.

Verlagsredaktion: Beate Dorner, Raquel Muñoz

Dieses Werk und seine Teile sind urheberrechtlich geschützt.
Jede Verwertung in anderen als den gesetzlich zugelassenen
Fällen bedarf deshalb der vorherigen schriftlichen
Einwilligung des Verlages.

Hinweis zu § 52a UrhG: Weder das Werk noch seine Teile dürfen ohne
eine solche Einwilligung überspielt, gespeichert und in ein Netzwerk
eingespielt werden. Dies gilt auch für Intranets von Firmen und von Schulen
und sonstigen Bildungseinrichtungen.

| 4. 3. 2. | Die letzten Ziffern |
| 2008 07 06 05 04 | bezeichnen Zahl und Jahr des Druckes. |

Alle Drucke dieser Auflage können, da unverändert,
nebeneinander benutzt werden.
1. Auflage
© 2003 Max Hueber Verlag, D-85737 Ismaning, Deutschland
Umschlaggestaltung: Detlev Seidensticker, München
Zeichnungen: ofczarek!, Köln; Virginia Azañedo, München
Layout: Birgit Winter, München
Druck und Bindung: Appl, Wemding
Printed in Germany
ISBN: 3-19-004150-4

Inhalt

Lección 1
Dime quién eres...

S. 8 – 15

Themen:
Vornamen und ihre Bedeutung
Horoskope
Charakter

Sprechabsichten:
von sich selbst erzählen; über Vorlieben sprechen; Vergleiche anstellen; Einverständnis und Widerspruch ausdrücken; eine Information bewerten; eine Definition formulieren; Wünsche ausdrücken

Grammatik:
no creo que / no es verdad que + Subjuntivo; Relativpronomen mit Präposition (1); die Zeitenfolge im Nebensätzen mit Subjuntivo (*me gustaría que* + Imperfecto de Subjuntivo)

Lección 2
Familias de hoy en día

S. 16 – 23

Themen:
Verwandschaftsbeziehungen
Familien heute
Aufgabenverteilung im Haushalt
Konflikte

Sprechabsichten:
ein Bild beschreiben; Vermutungen und Hypothesen äußern; über Gewohnheiten in der Vergangenheit sprechen; eine Statistik bewerten; Ratschläge geben

Grammatik:
der Gebrauch des Subjuntivo und des Indicativo nach Ausdrücken der Wahrscheinlichkeit: *quizás, tal vez, probablemente, a lo mejor, puede que*; der Gebrauch des Imperfecto um über Gewohnheiten in der Vergangenheit zu berichten; reale Konditionalsätze; *para que* + Subjuntivo; Subjuntivo nach Ausdrücken der Beeinflussung

Lección 3
El trabajo de tus sueños

S. 24 – 31

Themen:
Berufe und Aufgaben
Arbeitsleben
Der Traumberuf

Lección 3	■ S. 24 – 31	**Sprechabsichten:** Berufe beschreiben; Vorlieben und Wünsche ausdrücken; über realisierbare und nicht mehr realisierbare Wünsche sprechen **Grammatik:** der Gebrauch des Subjuntivo nach Ausdrücken der Notwendigkeit; Formen des Imperfecto de Subjuntivo und Gebrauch (*si* + Imperfecto de Subjuntivo, Condicional) Formen des Pretérito pluscuamperfecto de Subjuntivo und Gebrauch (*si* + Pluscuamperfecto de Subjuntivo, Condicional perfecto; *de* + Infinitivo perfecto, Condicional perfecto)
Lección 4 **El arte de comer**	■ S. 32 – 39	**Themen:** Exotische Küche Küchenrezepte **Sprechabsichten:** Über Vorlieben sprechen; Handlungen einordnen; Objekte beschreiben **Grammatik:** Der Gebrauch des Subjuntivo nach *hasta que, cuando, antes de que, una vez que, tan pronto como*; Relativsätze mit Präposition
Lección 5 **El arte de comprar y regalar**	■ S. 40 – 47	**Themen:** Ladengröße: Vorteile und Nachteile Geschenkanlässe Schenken: interkulturelle Unterschiede Kaufen „aus zweiter Hand" **Sprechabsichten:** Aussagen vergleichen und gegenüberstellen; Ereignisse in der Vergangenheit darstellen und bewerten; ein Objekt beschreiben **Grammatik:** Vergleiche mit Adjektiven (*más* + adjetivo + *que*, *menos* + adjetivo + *que*, *tan* + adjetivo + *como*); Konnektoren: *pero, sin embargo, mientras que*, etc.; Regelmäßigkeit / Gewohnheit ausdrücken: *por lo general, lo habitual, soler* + Infinitivo; die Verwendung des Indefinido bei Bewertungen

Lección 6
El amor y sus consecuencias...

S. 48 – 55

Themen:
Über die Liebe
Schönheitsideale
Märchen und Liebe

Sprechabsichten:
Ein Bild beschreiben; eine Person beschreiben; eine Geschichte erzählen

Grammatik:
Der Gebrauch der Vergangenheiten

Lección 7
Medios de información

S. 56 – 63

Themen:
Internet
Presse

Sprechabsichten:
Eine Statistik interpretieren;
Einstellung gegenüber verschiedenen Medien bewerten;
Zeitungsnachrichten analysieren und schreiben

Grammatik:
Bildung und Gebrauch des Passivs

Lección 8
Diferentes formas de comunicarse

S. 64 – 73

Themen:
Duzen und Siezen
Spanisch in Lateinamerika
„Spanglish"
Öffentlich sprechen

Sprechabsichten:
Sich an jemanden wenden; Meinungen äußern; an einer Diskussion teilnehmen: wie man sich in ein Gespräch einschaltet und Interesse signalisiert; ein Referat halten

Grammatik:
Grammatikunterschiede zwischen Spanien und Lateinamerika

Anhang – Anexo	S. 74 – 79
Arbeitsbuch	S. 80 – 117
Grammatik	S. 118 – 130
Liste der unregelmäßigen Verben	S. 131 – 134
Lektionswortschatz	S. 135 – 145
Alphabetisches Wörterverzeichnis	S. 146 – 150
Schlüssel zum Arbeitsbuch	S. 151 – 154

Zur Orientierung verwenden wir folgende Symbole:

Zu dieser Übung gibt es einen Hörtext auf Kassette bzw. CD.
Die Zahl gibt den Stopp-Punkt auf der CD an.

Im Arbeitsbuchteil finden Sie unter der angegebenen Nummer
eine passende Übung.

Vorwort

Visto bueno („gesehen und für gut befunden") ist das Spanisch-Lehrwerk für fortgeschrittene Lernende, das auf **Mirada** und **Bien mirado** aufbaut. Hier finden Sie Material für einen handlungsorientierten, informativen und unterhaltsamen Spanischunterricht von ca. 30 Doppelstunden.

Mit **Visto bueno** vertiefen Sie in 8 thematisch angelegten Lektionen Ihre Spanischkenntnisse. Im Aufbau folgt **Visto bueno** dem bereits bekannten und bewährten Konzept seiner beiden Vorgänger. Sie lernen Spanisch mit Zeitungsreportagen und Gedichten, Comics und Rezepten, Statistiken und Märchen, Radiosendungen und Essays, literarischen Texten und Fotos aus der spanischsprachigen Welt. Auf diesen Materialien basieren kommunikative Aktivitäten, die die Fertigkeiten Hören, Sprechen, Lesen und Schreiben sinnvoll kombinieren.
In den einzelnen Lektionen sind immer folgende Übungstypen vertreten:

- **Para empezar** führt in das jeweilige Thema ein – mit Bildimpulsen oder Wortschatzübungen wird bereits bekanntes Vokabular aktiviert, Vorwissen gesammelt, zum Thema hingeführt.
- **¿Y tú?** fragt Sie nach Ihrer eigenen Person, Ihrer Meinung, Ihrer Perspektive, so dass Sie schnell zu den neuen Inhalten einen persönlichen Bezug herstellen können.
- In den mit **Para escuchar** betitelten Übungen trainieren Sie Ihre Hörfertigkeit anhand der Hörtexte, die sich auf CD und Kassette befinden.
- **Para terminar** beschließt die Lektionen und fordert Sie zu zusammenfassenden und weiterführenden Aktivitäten auf.

Um das Gelernte zu festigen stehen Ihnen im anschließenden Arbeitsbuchteil weitere Übungen zur Verfügung. Hier trainieren Sie Grammatik- und Wortschatzkenntnisse und üben sich in Lese- und Schreibfertigkeit. Die Übungen des Arbeitsbuchteils sind zum großen Teil für das selbstständige Lernen zu Hause konzipiert.

Im Spanischen sprechen wir Sie wieder – wie in **Mirada** und in **Bien mirado** – mit *tú* an.
Nur der leichteren Lesbarkeit halber verwenden wir in den Arbeitsanweisungen nur die maskulinen Formen (z.B. *compañero*), selbstverständlich sind auch alle Lernerinnen und Lehrerinnen einbezogen.

Und nun wünschen wir Ihnen viel Spaß und Erfolg mit Visto bueno – wir freuen uns, wenn auch Sie es „sehen und für gut befinden".

Autorinnen und Verlag

Dime quién eres...

1 Para empezar

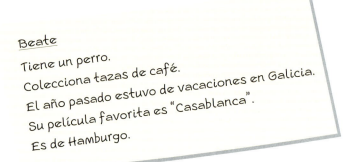

Beate
Tiene un perro.
Colecciona tazas de café.
El año pasado estuvo de vacaciones en Galicia.
Su película favorita es "Casablanca".
Es de Hamburgo.

a. Muévete por la clase y habla con cada uno de tus compañeros. Trata de encontrar un punto en común con cada uno de ellos y toma notas. Pero, ¡ojo! No hagas siempre las mismas preguntas, intenta que sean variadas. Tienes 10 minutos.

b. Después escribe en un papel tu nombre y pásalo a tus compañeros. Cada uno de ellos escribirá lo que sabe de ti. Cuando te lo devuelvan, entrégaselo a tu profesor.

c. Ahora tu profesor te dará el "retrato" de uno de tus compañeros. Preséntalo al resto del grupo.

2 ¿Y tú?

¿Con quién tienes más cosas en común?
Coméntalo con el resto de tus compañeros.

3 ¿Y cómo te llamas?

a. Cuéntales a tus compañeros por qué te llamas así, si hay una razón especial y si te gusta tu nombre.

b. En la página siguiente aparecen los nombres más comunes de los recién nacidos durante el año 2000. ¿Existen estos nombres en tu lengua?

c. ¿Cuáles de estos nombres te gustan? ¿Y cuáles no? ¿Por qué?

Fuente: revista Quo

4 Para escuchar

a. Escucha el siguiente programa radiofónico sobre el uso de los nombres en España. ¿En qué orden aparecen estos temas? Numéralos del 1 al 6.

- (1) El uso de los nombres en otras épocas.
- (5) El uso de nombres abreviados.
- (2) El uso de los nombres durante el franquismo.
- (6) El cambio de nombre.
- (4) Nombres prohibidos en la actualidad.
- (3) El uso de nombres extranjeros.

b. Vuelve a escuchar la grabación y di si estas afirmaciones son verdaderas o falsas.

	V	F
Los nombres en catalán, vasco y gallego estuvieron prohibidos hasta 1977.	☐	☐
El nombre Libertad estuvo prohibido en España hasta 1980.	☐	☐
Actualmente no está permitido utilizar nombres extranjeros.	☐	☐
En España una niña puede tener nombre de niño.	☐	☐
No es posible registrar a los hijos con nombres abreviados.	☐	☐
Actualmente es posible cambiarse de nombre.	☐	☐

c. Contesta las preguntas:
¿Qué tipo de nombres eran los más habituales hasta el año 1960?
¿En qué época comenzaron a ser habituales los nombres en catalán, vasco y gallego?
¿Qué nombres abreviados se mencionan?

5 ¿Y tú?

¿Cuáles son los nombres más habituales en tu país?
¿Hay nombres que antes no se utilizaban y ahora sí? ¿Cuáles?
En la actividad anterior se mencionan algunos nombres abreviados, ¿conoces otros en español? ¿Existe esta posibilidad en tu lengua?

6 ¿Y cómo le llamamos?

a. En español muchos nombres de persona tienen un significado. A continuación tienes algunos de ellos. ¿Sabes lo que realmente significan?
¿Existen en tu país este tipo de nombres?

b. ¿Piensas que llamarse de una manera u otra puede ser importante? ¿Por qué?
A continuación tienes un texto sobre el tema. Léelo y después contesta las preguntas.

¿Y cómo le llamamos?

___ No se puede estar sin nombre: el Estado lo exige para poder registrar al individuo y los padres, para individualizarlo. Y ese nombre propio cuya función es, en principio, identificar a un individuo en la familia, se convierte, según algunos investigadores de la psicología humana, en un hecho importante para la formación de la personalidad.

___ Y es que, aunque vivimos con él sin darle apenas importancia, el nombre tiene un carácter simbólico fundamental: es un instrumento básico en nuestra relación con el entorno (...). Si además incluye los apellidos, y dice "Fulano de Tal" está aportando otras representaciones. Cada apellido sitúa a los sujetos en un lugar muy diferente del escenario social. No es lo mismo decir: "Hola, soy María Pérez" que: "Hola, soy María Borbón". (...)

___ Nadie lleva su nombre a cuestas sin que le repercuta en algún rincón de su estructura psicológica. Lo que varía es la importancia de esa repercusión. Hay veces que un nombre lleva "una carga" asociada. No es raro que a un varón, acarrear el nombre de su padre y de su abuelo le haga sentirse parte de una dinastía, cuya reputación debe mantener y perpetuar; lo cual, en algunos casos, sirve de aliciente, y en otros de agobio. Lo mismo que llevar un nombre muy común, José, o haberse enfrentado a las bromas escolares de un nombre estrafalario. (...)

___ Y hay nombres que dicen de uno y de su extracción social más de lo que parece. Algunos estudios han demostrado que los nombres de resonancia inglesa: Jessica, Kevin, Jennifer... son más habituales en las clases sociales con ingresos más bajos. Esta tendencia obedece a la moda de las series de televisión. Estados Unidos ejerce una atracción indiscutible para muchos españoles: el sueño americano. (...)

___ Lo que podría considerarse la opción contraria a esa globalización de los nombres es la elección por los padres de uno regional. No es lo mismo llamarse Juan que Jon en Euskadi, Joan en Cataluña o Xoan en Galicia. Con ello, los padres dan a sus hijos, y eso les afectará cuando crezcan, un lugar específico en el mundo, una reivindicación de su origen y de sus raíces.

Revista Quo

① Resume en una frase la idea principal del texto.

② Según el texto, di si las siguientes afirmaciones son verdaderas o falsas.

	V	F
Los apellidos sitúan a las personas socialmente.	☐	☐
Llevar el nombre del padre y del abuelo puede ser motivador y no supone ningún problema.	☐	☐
Los nombres extravagantes tienen siempre una influencia positiva sobre la persona.	☐	☐
La clase social puede influir en la elección de un nombre.	☐	☐
Los nombres regionales ayudan a identificarse con los orígenes.	☐	☐

 ¿Y tú?

En el texto se presentaban varias situaciones o ejemplos donde el nombre podría influir en la personalidad. ¿Estás de acuerdo? Comenta con tus compañeros.

- ◆ *Yo estoy de acuerdo.*
- ■ *Pues yo no estoy de acuerdo. Yo creo que la personalidad depende de otros factores...*
- ▼ *Pues yo sí que estoy de acuerdo. Es mejor tener un nombre bonito que feo.*

> **Cómo expresar preferencias y comparaciones**
> Es *preferible* tener un nombre bonito porque...
> Es *mejor* tener un nombre bonito *que* feo.

 ¡Qué carácter!

Opina sobre los siguientes temas y comenta tu experiencia sobre ellos.

- *Es imposible cambiar el carácter.*
- La cara es el espejo del alma.
- *La primera impresión sobre alguien es la definitiva.*
- El carácter de uno es la suma del carácter de su padre y de su madre.
- *El horóscopo es un método fiable para conocer a alguien.*
- La forma de vestir da mucha información sobre el carácter.

> **Cómo mostrar acuerdo y desacuerdo**
> Sí, estoy de acuerdo con eso / con lo de que / con que... Por ejemplo...
> Sí, eso es verdad / eso es cierto.
> Yo estoy de acuerdo contigo. Sin embargo, también es verdad que...
> Bueno, en parte sí, pero...
> Pues yo no creo que eso sea verdad.
> A mí (eso) me parece una tontería. No es verdad que...
> Puede que tengas razón, pero...

AB 1.2.3

Recuerda
No creo que
                + subjuntivo
No es verdad que

9 Horóscopos

¿A qué signo del zodiaco perteneces? Lee tu horóscopo en esta página o en la página 74 y después comenta con tus compañeros si estás de acuerdo con lo que dice.

Aries
21 de marzo al 20 de abril

A las mujeres y a los hombres de Aries les gusta ser los primeros en todo. Son ambiciosos, inquietos y dinámicos. Definitivamente el papel de líder es el que más les va. La persona Aries es aventurera por naturaleza, no se asusta de nada fácilmente. Son muy individualistas y testarudos, de ahí que les encante llevar la contraria.

Tauro
21 de abril al 20 de mayo

Los Tauro son gente práctica, tranquila y reservada. También son algo conservadores y muy reflexivos. Antes de tomar una decisión reflexionan mucho, miran los pros y los contras. Suelen ser también un poco testarudos. Odian las discusiones, se ofenden fácilmente, de ahí su carácter susceptible.

Géminis
21 de mayo al 20 de junio

Su carácter comunicativo hace que siempre busquen compañía. Las mujeres suelen ser muy inteligentes y los hombres muy soñadores y maridos fieles. En general, tanto unos como otros, son muy curiosos y tienen afán por aprender y conocerlo todo, aunque de forma superficial porque son muy inconstantes.

Cáncer
21 de junio al 21 de julio

Son aparentemente duros, muy seguros de sí mismos, sin embargo en el fondo son sensibles y cariñosos. Se les puede hacer daño fácilmente. Son personas muy simpáticas e imaginativas, con un riquísimo mundo interior. Son muy fieles en la amistad, pero no en el amor.

Leo
22 de julio al 21 de agosto

Les gusta mandar y saben cómo hacerlo. Los Leo son personas fuertes, seguras, y a veces algo autoritarias. En ocasiones pueden parecer orgullosos pero en el fondo tienen un enorme corazón. A veces la relación con las otras personas les resulta difícil porque exigen a los demás tanto como a ellos mismos.

Virgo
22 de agosto al 21 de septiembre

Los Virgo lo analizan todo. Son prácticos, metódicos y perfeccionistas, llegando a ser en ocasiones demasiado críticos con ellos mismos. Son serios y trabajadores y a veces no excesivamente amables o simpáticos con los demás. En el amor son tan exigentes que difícilmente encontrarán pareja.

Cómo comentar y valorar

Mi horóscopo dice que soy… pero no es verdad.
Aquí se dice que los Piscis son… Sin embargo, yo…
Aquí dice que a los Libra les gusta…, pero a mí…
Según mi horóscopo soy… pero en realidad…

10 ¿Y tú?

¿Qué signos del zodiaco crees que son compatibles contigo? ¿Por qué? ¿Y cuáles no?

11 ¿Virtud o defecto?

¿Cuáles de las siguientes cualidades consideras positivas y cuáles negativas?
Compara con tu compañero. ¿Tenéis la misma opinión?

+		+	
☐ extrovertido/-a ☐		☐ crítico/-a ☐	
☐ ambicioso/-a ☐		☐ idealista ☐	
☐ tímido/-a ☐		☐ autoritario/-a ☐	
☐ sensible ☐		☐ generoso/-a ☐	
☐ apasionado/-a ☐		☐ individualista ☐	
☐ amable ☐		☐ discreto/-a ☐	
☐ susceptible ☐		☐ reservado/-a ☐	
☐ serio/-a ☐		☐ soñador/-a ☐	

AB 4.5

12 ¡Bingo!

Selecciona 6 palabras del ejercicio anterior y escríbelas en tu tarjeta de Bingo.
Un compañero hará definiciones. Si reconoces una de tus palabras, táchala.
La primera persona que consiga tachar todas las palabras, dirá "¡Bingo!" y habrá ganado.

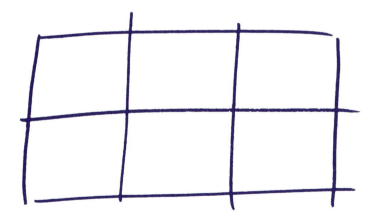

Cómo definir
Es alguien *que* siempre tiene...
Es alguien *a quien / al que* le gusta...
Es alguien *con quien / con el que* se puede...
Es alguien *de quien* uno no se puede fiar.
Es alguien *en quien* se puede confiar.

AB 6.7

Es una **persona** a quien / a la que..
   pero: Es **alguien** a quien / al que...
Es una **persona** con quien / con la que...
   pero: Es **alguien** con quien / con el que...

13 Me gustaría que...

Entre toda la clase vais a hacer una lista con personas que incidan en vuestra vida diaria. Después, individualmente, decidirás qué cualidades te gustaría que tuvieran. Busca a alguien que coincida contigo. Al final se hará una puesta en común entre toda la clase.

> Me gustaría que...
> los políticos _____
> mis vecinos _____
> mi jefe/-a _____
> _____
> _____
> _____

AB 8

Recuerda
Me gustaría que + imperfecto de subjuntivo

1
▼ *A mí me gustaría que mi jefe fuera menos autoritario.*
■ *Pues a mí me gustaría que tuviera más paciencia.*

14 ¿Y tú?

Imagina que tomando la pócima mágica "Cambiarix" pudieras cambiar los rasgos de tu carácter con los que no estás demasiado satisfecho, ¿qué rasgos elegirías?

15 Autorretrato

a. Mira la caricatura del poeta chileno Pablo Neruda (1904-1973) y describe alguno de sus rasgos físicos. Después lee los tres primeros versos de su "Autorretrato" y compara con tu descripción.

Autorretrato

Por mi parte, soy o creo ser duro de nariz,
mínimo de ojos, escaso de pelos en la cabeza,
creciente de abdomen, largo de piernas,
ancho de suelas, amarillo de tez,
generoso de amores, imposible de cálculos,
confuso de palabras, tierno de manos,
lento de andar, inoxidable de corazón,
aficionado a las estrellas, mareas,
maremotos, administrador de escarabajos,
caminante de arenas, torpe de instituciones,
chileno a perpetuidad, amigo de mis amigos,
mudo de enemigos, entrometido entre pájaros,
mal educado en casa, tímido en los salones,
arrepentido sin objeto, horrendo administrador,
navegante de boca y yerbatero de la tinta,
discreto entre los animales, afortunado de nubarrones,
investigador en mercados, oscuro en las bibliotecas,
melancólico en las cordilleras, incansable en los bosques,
lentísimo de contestaciones, ocurrente años después,
vulgar durante todo el año, resplandeciente con mi cuaderno,
monumental de apetito, tigre para dormir,
sosegado en la alegría, inspector del cielo nocturno,
trabajador invisible, desordenado persistente,
valiente por necesidad, cobarde sin pecado,
soñoliento de vocación, amable de mujeres,
activo por padecimiento, poeta por maldición
y tonto de capirote.

b. Lee el texto completo y busca dónde aparecen las siguientes informaciones:

No se le dan bien las matemáticas
Le gusta mirar el cielo
Tiene muchos amigos y pocos enemigos
Le gusta la naturaleza
Le encanta comer
Le gusta dormir
Le gustan las mujeres
Rasgos de su carácter

c. ¿Qué cualidades o actitudes de Pablo Neruda te parecen incompatibles con tu carácter o tu forma de vida?

AB 9

16 Para terminar

Y ahora haz tu propio retrato. Después, con los textos, haréis un mural con todos los participantes del curso. ¡No olvides incluir una fotografía! Busca a alguien con quien creas que puedes ser compatible.

AB 10

Familias de hoy en día

1 Para empezar

Las personas de la "foto" tienen una relación familiar. ¿Cuál crees que es?

Cómo expresar hipótesis
Yo creo que la mujer mayor de la foto *es* la abuela.
Me parece que el chico de las gafas es...
Quizás / tal vez / probablemente las niñas de la derecha sean...
A lo mejor la señora de la izquierda es...
Puede que el señor de la pipa sea...
Es probable / es posible que el hombre de la coleta sea...

2 ¿Y tú?

a. ¿Cuáles de estas relaciones de parentesco te unen a tu familia?
   Busca a alguien que coincida contigo. Después comenta el resultado en el grupo.

AB

| sobrino/-a | padre/madre | abuelo/-a | tío/-a | nieto/-a |
| cuñado/-a | suegro/-a | yerno/nuera | hermano/-a | |

◆ *Yo soy sobrina, nieta, cuñada, nuera, y voy a ser tía.*

b. ¿Qué parentescos se han nombrado más? ¿Y cuáles menos?

3 ¿Familiares en peligro de extinción?

Éste es un cómic de la humorista argentina Maitena. Lee y contesta las preguntas.

a. ¿Qué papel tenían antes los miembros de la familia que aparecen en el cómic? ¿Cómo son ahora?
b. ¿A qué crees que se deben estos cambios en las relaciones familiares?
c. ¿Coinciden los cambios en la familia que expone el cómic con los de tu país? ¿Te sientes identificado con esta realidad?

Recuerda
Para hablar de circunstancias o costumbres en el pasado.
Antes + imperfecto de indicativo

4 Diez modelos de familia

a. ¿Qué orden de importancia tienen para ti estos aspectos? Numéralos del 1 al 4.

❏ trabajo   ❏ familia   ❏ tiempo libre   ❏ amigos

b. Haz junto a dos compañeros una definición de "familia".

c. Ahora lee la primera parte del texto que tienes a continuación y busca las respuestas a las preguntas a y b. ¿Coinciden con tus respuestas?

Diez modelos de familia

Algunos expertos hablan de cambios o incluso crisis en la familia tradicional española. Otros aseguran que ésta tiene mejor salud que nunca. Es la revolución silenciosa del nuevo siglo.

La familia es el valor básico para el 98,9% de los españoles, según la Encuesta Europea de Valores 2000. Los otros principios fundamentales son el trabajo, seguido de los amigos y el tiempo libre. Pero, ¿qué es exactamente una familia?, ¿las parejas de hecho pueden considerarse familias?, ¿y las homoparentales?, ¿y las madres solteras? La Administración española defiende que familia es "un grupo de personas que, residiendo en la misma vivienda, comparte algunos gastos en común y están vinculadas por lazos de sangre o políticos". Esta concepción, válida hasta ahora, está cayendo en desuso en toda Europa y puede que también lo haga en España. Justamente para salvar exclusiones de grupos familiares más modernos, la legislación alemana la define desde el año pasado como "una relación en la que hay niños" (...).

---

d. Sigue leyendo el texto y resume tres informaciones que te parezcan importantes o interesantes. Después compara con tu compañero.

e. ¿Qué tipos de familias se han nombrado en el texto?

De hecho, la fórmula papá-mamá-la parejita está en crisis en países como el nuestro, donde la media de hijos, 1,07 por mujer en edad fértil, ha caído drásticamente en las últimas dos décadas. Tenemos el porcentaje de hijos más bajo de toda Europa (2,4 por mujer fértil) y estamos por debajo del reemplazo demográfico necesario para garantizar un futuro estable. Y eso que en España el 80% de los habitantes vive en grupos familiares, frente al 63 % de los europeos. (...)

Tampoco deja de sorprender que, con una cifra tan baja de reemplazo demográfico, seamos – según datos del Censo – el país de la Unión Europea (UE) con menos hogares de una sola persona. Para Amando de Miguel, catedrático de Sociología de la Universidad Complutense de Madrid, estas contradicciones explican que "no hay ninguna indicación de que nuestra familia vaya a parecerse a las europeas (...)". Carmen Valdivia, catedrática de Psicopedagogía de la Universidad de Deusto, opina de otra forma: "El modelo tradicional está sufriendo cambios importantes. En fenómenos como las madres solteras, familias reconstituidas (segundas nupcias) u homoparentales nos movemos en proporciones muy parecidas a las de Alemania e Italia, aunque en menor medida que en el norte de Europa".

Las cifras de divorcio también siguen creciendo a nuestro alrededor (...). En España hay tres millones de divorciados y, según nuestro Instituto Nacional de Estadística, el número de divorcios se ha incrementado en un 47%. "La tasa de divorcio sube, pero sigue siendo la más baja del mundo", comenta Amando de Miguel, algo que parece certificar la Encuesta Europea de Valores 2000: el 75% de los españoles cree que el matrimonio no está pasado de moda.

El Mundo, Magazine

---

5 ¿Y tú?

¿Cómo es en tu país? ¿Te sientes identificado con la situación española que refleja el texto?

6 El ama de casa, ¿pluriempleo?

a. ¿Con qué tareas del ama de casa asocias las profesiones nombradas por la mujer del cómic?

b. ¿Crees que la labor de ama de casa está reconocida socialmente? ¿Por qué lo crees así?

c. "La ocupación de ama de casa debería estar remunerada". ¿Qué piensas de esta afirmación?

d. ¿En qué aspectos ha cambiado el papel de la madre dentro de la familia? ¿Cómo era antes y cómo es ahora?

7 Para escuchar

a. Escucha una entrevista con Marta, casada y madre de dos hijos. ¿Cuáles de estos temas se tratan en la entrevista? Marca con una cruz.

- ☐ La organización del día
- ☐ El reparto de las tareas de casa
- ☐ Actividades de tiempo libre
- ☐ Planes para el futuro
- ☐ Relación con los abuelos
- ☐ Situación laboral de la madre
- ☐ Problemas escolares de los niños
- ☐ Papel del Estado en España
- ☐ Vacaciones

b. Vuelve a escuchar la entrevista y contesta.
   1. ¿Cómo se reparten las tareas del hogar Marta y Diego? ¿Quién hace qué?

	Marta	Diego
prepara los desayunos	☐	☐
lleva a los niños al colegio	☐	☐
hace las compras	☐	☐
pone la lavadora	☐	☐
plancha	☐	☐

   2. ¿Qué papel desempeñan los abuelos dentro de la familia?
   3. ¿Cuántos meses de baja por maternidad otorga el Estado a los padres?

c. ¿Te ha sorprendido algo en la entrevista?

8 Cómo se reparten los trabajos de la casa

a. ¿Cuáles de estos trabajos domésticos te gusta hacer? ¿Y cuáles no?

	sí	no
poner la lavadora	☐	☐
planchar	☐	☐
limpiar el baño	☐	☐
tender la ropa	☐	☐
preparar la comida	☐	☐
limpiar los cristales	☐	☐
quitar el polvo	☐	☐
pasar el aspirador / barrer	☐	☐
fregar los platos	☐	☐
regar las plantas	☐	☐
hacer la compra	☐	☐

b. Compara tus resultados con otras personas del sexo contrario al tuyo y trata de buscar alguna coincidencia. Comentad entre todos los resultados generales del grupo.

c. Ahora mira los resultados del estudio "Compatibilización familia-empleo" de la Universidad Carlos III en España. Después contesta las preguntas.

Cómo se reparten los trabajos de la casa

Tareas	Mujer %	Hombre %	Ambos %	Ninguno %
Poner la lavadora	77,1	3,0	14,0	5,9
Planchar	76,4	2,0	9,9	11,7
Limpiar los baños	66,9	1,9	15,1	13,1
Tender la ropa	68,4	5,7	18,1	7,8
Preparar la comida	66,5	6,7	18,4	8,3
Limpiar los cristales	65,0	5,0	16,1	14,0
Quitar el polvo	62,3	2,7	20,9	14,1
Pasar el aspirador/barrer	60,1	5,2	23,0	11,8
Fregar cacharros	55,8	6,5	30,7	7,1
Regar las plantas	54,9	11,8	17,6	15,7
Hacer la compra	49,7	6,4	42,3	1,6

Fuente: Análisis cuantitativo de las estrategias de compatibilización familia-empleo en España.

① ¿Hay alguna tarea que realicen mayoritariamente los hombres?
② ¿Qué tareas realiza un número significativo de parejas de manera conjunta?
③ ¿Qué tareas les repelen más a los hombres?
④ ¿Los datos de la estadística coinciden con la información de tu grupo? Comenta los resultados de la estadística.

Cómo hablar de cantidades y porcentajes
La mayoría de las mujeres...
Casi ningún hombre...
Apenas un 2 % de los hombres...
Prácticamente ningún hombre...

9 ¿Y tú?

¿Y en tu país? ¿Cómo se reparten las tareas domésticas dentro del hogar? ¿Suelen trabajar las madres? ¿Está bien visto socialmente? ¿Qué tipo de ayudas reciben las familias con niños?

10 "Frases célebres…"

a. Lee las frases y discute con tus compañeros qué miembro de la familia puede haberlas dicho. ¿Se te ocurren otras?

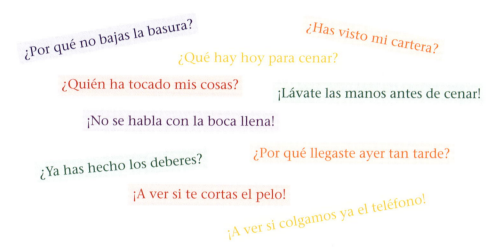

¿Por qué no bajas la basura?
¿Has visto mi cartera?
¿Qué hay hoy para cenar?
¿Quién ha tocado mis cosas?
¡Lávate las manos antes de cenar!
¡No se habla con la boca llena!
¿Ya has hecho los deberes?
¿Por qué llegaste ayer tan tarde?
¡A ver si te cortas el pelo!
¡A ver si colgamos ya el teléfono!

b. ¿Qué conflictos suelen ser los más habituales dentro de la familia? Haz una lista.

11 Para escuchar

a. El consultorio psicológico del programa de radio "Familias de hoy en día" recibió las siguientes cartas de radioyentes pidiendo consejos para algunos de sus problemas familiares. Escucha y decide en qué orden se expusieron las consultas.

- ___ La habitación de mi hijo es una leonera.
- ___ Celos.
- ___ Se pasa el día viendo la televisión.
- ___ ¡Horror! No se quieren ir de casa.
- ___ No me respetan.
- ___ Problemas con la suegra.

b. ¿Qué miembros de la familia han realizado las consultas?

1. _____   4. _____

2. _____   5. _____

3. _____   6. _____

c. Ahora lee estos tres consejos y decide para qué conflicto de los escuchados en el programa de radio sería la solución.

○ Para que tu hijo no sienta celos del nuevo hermanito, intenta repartir tu tiempo lo mejor que puedas, no cedas ante sus rabietas ni intentes compensarle con muchos regalos, hazle ver lo que tiene de bueno ser el "mayor" y dale alguna responsabilidad respecto a su hermano, como darle el biberón, ponerle el chupete, ayudar a bañarlo...

○ Si vuestro hijo prefiere ver la televisión a practicar cualquier actividad durante el día, fomentad un cambio de actitud, tal vez empezando por vosotros mismos limitando las horas que pasáis delante del televisor y ofreciendo a los niños otras actividades más importantes y divertidas.

○ Cuando los niños son pequeños, es fácil recompensarles porque han recogido los juguetes u ordenado sus cosas, sin embargo, cuando crecen y son adolescentes, la cosa cambia, si no quieren tener su habitación ordenada, lo mejor es que convivan con el desorden, pues son ellos y no tú los que deben responsabilizarse de sus cosas.

2

Recuerda
Para que tu hijo no **sienta** celos, **intenta**...
Para que + subjuntivo
Si vuestro hijo **prefiere** ver la televisión..., **fomentad**...
Si + presente, imperativo / presente
Lo mejor es que convivan con el desorden.
Lo mejor es que + subjuntivo

12 ¿Y tú?

Busca soluciones a los problemas planteados por las otras llamadas telefónicas del programa de radio. Escribe tus propuestas en un papel. Después intercámbialas con tus compañeros y decide en el grupo cuáles serían las más adecuadas.

Cómo dar consejos
Le recomiendo / le aconsejo que haga un viaje con su suegra.
Le aconsejo que / le recomiendo que + subjuntivo
Si yo fuera usted / yo en su lugar haría un viaje con su suegra.
Si yo fuera usted / yo en su lugar + condicional

AB 7–10

13 Adictos al nido

a. Lee el título y el subtítulo del texto e imagina cuáles pueden ser las causas por las que millón y medio de jóvenes españoles siguen viviendo con los padres con más de 30 años. Después lee el texto.

Adictos al nido

Millón y medio de españoles entre 30 y 39 años viven con sus padres. *Por Mar Román*

"¿Y por qué no voy a vivir con mis padres?" Ésta es una pregunta que se formulan 1.419.000 españoles, solteros entre los 30 y los 39 años, la gran mayoría independientes económicamente. Este retraso en el abandono del nido familiar va muy en sintonía con un fenómeno muy actual, el declive y el retraso del matrimonio. (...)

También están el paro, la prolongación de los estudios y, por supuesto, el problema de la vivienda. En el centro de Madrid o Barcelona, el alquiler por un apartamento de una habitación se sitúa alrededor de los 420 euros al mes, mientras que el precio de un piso nuevo en la ciudad está por encima de las posibilidades de muchos jóvenes, aunque se hayan iniciado en el mundo laboral. Al menos si se pretende, a la vez, mantener la calidad de vida que se disfruta en casa de papá y mamá. (...)

Más importante, sin embargo, es que apañárselas por uno mismo no se ve en España como un rito necesario de crecimiento y, además, hay muy poco o casi ningún estigma social añadido en el hecho de seguir viviendo con los padres pasados los 30. (...) Es aceptado que la familia está obligada a mantener a los hijos hasta que puedan vivir por sí mismos. (...) Y ahí están las consecuencias. España es el país con la natalidad más baja del mundo, 1,07 hijos por cada mujer, muy lejos del 2,1 que los demógrafos aceptan como mínimo para garantizar el relevo generacional.

El País semanal

b. ¿Qué cinco causas nombra la periodista para explicar el retraso en el abandono del hogar por parte de los jóvenes españoles? ¿Coinciden con las que tú habías pensado?

14 ¿Y tú?

¿Y cómo es en tu país? ¿A qué edad se independizan los jóvenes? ¿Cómo viven? ¿A qué edad forman una familia?

15 Para terminar

Con otros tres compañeros piensa en cómo sería vuestra familia ideal. Piensa, por ejemplo, en el número de miembros, la relación entre ellos, el papel de cada uno, la organización, ... etc. Al final, cada grupo presentará su propuesta al resto de la clase.

El trabajo de tus sueños

1 Para empezar

a. ¿A qué se dedican estas personas?

①

②

③

④

⑤

⑥

b. ¿Qué actividades realizan habitualmente en su profesión?

aconsejar	curar enfermedades	bailar
cobrar una carrera	conducir	depilar
poner mascarillas	escribir cartas	rellenar formularios
entrenar	ensayar	atender llamadas telefónicas
diagnosticar	recetar	dar masajes
poner en marcha el taxímetro	participar en viajes espaciales	investigar

c. ¿Cuál de estas profesiones crees que produce mayor satisfacción? ¿Y cuál menos? ¿Por qué?

2 ¿Y tú?

Explícales a tus compañeros las actividades habituales de tu trabajo. Ellos tendrán que adivinar a qué te dedicas.

3 Retrato profesional

a. Relaciona cada uno de los siguientes textos con una de las fotos de la actividad 1.

Sus 35 horas semanales se pueden alargar a casi el doble dependiendo de las guardias que le toquen. El tiempo de ocupación del horario es del 100%. Además asiste a un congreso al año y dedica un par de horas al día a lecturas médicas. Tiene contrato indefinido sin plaza en propiedad. Treinta minutos de transporte público la dejan a la puerta del trabajo, al que acude también uno de cada dos fines de semana. Su sueldo base son 1.500 euros. Adora su trabajo, con dos pegas: el desgaste y lo difícil que todavía le resulta, por ser joven y mujer, ganarse a la primera el respeto de los pacientes.

Recorre 70.000 kilómetros al año. Tiene un horario no regulado oficialmente, pero que se puede concretar en una media de 12 horas diarias al volante. Libra dos días a la semana, uno laborable y otro de fin de semana. Una de esas mañanas la emplea en acicalar su automóvil y ponerlo a punto. Un día, tirando a bueno, puede ver 90 euros en la caja, 1.800 al mes, de donde descuenta "86 para autónomos, 120 de Hacienda, 150 para amortizar el coche, que no puede cumplir más de 10 años, unos 180 euros en gasóleo, el seguro obligatorio a terceros...". Total, que le faltan horas del día para hacer más carreras y poder llegar a todo.

Firma su entrada a las ocho de la mañana y su salida a las dos de la tarde, pero reconoce que, "trabajar, lo que se dice trabajar, hay días que sólo el 50% de la jornada". Dieciocho años de monótono empleo. Se aburre mucho, no tiene un especial interés en ascender y se conformaría con ser más útil. " A la Administración le interesa esta inercia. Ser funcionario no es ningún privilegio, aunque muchos nos envidien la fijeza en el empleo."

b. ¿A qué texto corresponde cada información (A, B o C)? Marca las frases que te han ayudado a realizar la actividad.

___ Le encanta su trabajo.
___ No le gusta su trabajo.
___ Es autónomo.
___ Trabaja para el estado.
___ No tiene horario fijo.
___ Tiene contrato sin limitación temporal.

___ Trabaja muchas horas.
___ Trabaja menos de lo que podría trabajar.
___ Realiza cursos de formación.
___ No le motiva su trabajo.
___ No se esfuerza por aumentar de categoría profesional.

4 Retrato profesional de tu compañero

Hazle preguntas a tu compañero sobre su trabajo u ocupación actual y reúne la máxima información (horario, tipo de contrato, transporte utilizado diariamente, etc.). Después explica al resto de tus compañeros lo que has averiguado.

5 ¿Y tú?

¿Cómo es tu trabajo? ¿Qué aspectos positivos tiene? ¿Y qué aspectos negativos?

- ▼ *A mí lo que más me gusta de mi trabajo es tener que viajar.*
- ◆ *Pues a mí lo que más me gusta es tener la posibilidad de aprender más.*

> **Cómo expresar gustos y preferencias**
> A mí lo que más me gusta...
> A mí me encanta / me fascina / me apasiona...
> A mí lo que más me molesta / me irrita / me fastidia...
> Yo odio / detesto / no soporto...

6 El trabajo y los españoles

El trabajo y los españoles

Según una encuesta del Centro de Investigaciones Sociológicas llevada a cabo entre julio y septiembre de 2000, sólo un 11% de los españoles está plenamente satisfecho con su vida laboral.

El trabajo es, junto con la salud, la familia y los amigos, uno de los pilares esenciales de la vida. No sólo nos proporciona ingresos, sino que además puede convertirse en una fuente de alegría y satisfacción. O de agobio y aburrimiento. Al trabajo le dedicamos una parte muy importante de nuestro tiempo. Sin embargo, sólo un 11% de los españoles está plenamente satisfecho con su vida laboral.

También según el CIS (Centro de Investigaciones Sociológicas), sólo uno de cada cuatro españoles considera importante a la hora de buscar un empleo que "la tarea sea interesante". El 14% prefiere que "le deje tiempo libre" y el 5% "que le permita escoger los horarios de trabajo". Para la inmensa mayoría (89%) lo esencial es que el empleo "sea estable, seguro".

La rutina y las obligaciones no nos dejan ni siquiera atisbar la posibilidad de dar un giro radical en la trayectoria profesional. La inercia, las obligaciones familiares, la ilusión de seguridad y la precariedad del empleo son piedras en el camino del cambio.

Sólo algunos son capaces de afrontar el reto y no porque les fuera mal laboralmente. Simplemente antepusieron calidad de vida y satisfacción personal a seguridad y dinero. Son libres, no tienen jefes, pero sí responsabilidades. Nadie les impone horarios rígidos, pero trabajan más.

Tienen más tiempo para estar con la familia. Pero también más problemas con los bancos para pedir un crédito. Aun así, dicen que son más felices que antes. Su nueva actividad les da oficio y beneficio, y encima les gusta.

El País Semanal

a. Lee el texto y anota si las siguientes afirmaciones son verdaderas o falsas:

	V	F
El trabajo es tan importante como la familia.	☐	☐
El trabajo nos puede transmitir alegría.	☐	☐
La mayoría de los españoles está contenta con su trabajo.	☐	☐
Lo que más valora la mayor parte de los españoles al buscar trabajo es la estabilidad.	☐	☐

b. Según el texto, ¿qué factores obstaculizan la iniciativa a la hora de cambiar de trabajo? ¿Estás de acuerdo?

c. En el texto se nombran algunas dificultades con las que se enfrentan aquellas personas que deciden hacerse autónomas, ¿cuáles? ¿Se te ocurren otras?

d. ¿Piensas que la realidad que se describe en el texto sobre el trabajo en España se parece a la de tu país?

7 ¿Y tú?

¿Qué valoras en un trabajo? Escoge 5 condiciones de la lista que te parezcan indispensables. Después tú y tus compañeros las expondréis en el pleno de la clase. ¿Cuáles son los deseos más comunes? Discútelos con tus compañeros.

- ○ éxito
- ○ posibilidad de ser creativo/-a
- ○ un lugar de trabajo agradable
- ○ cerca de casa
- ○ seguridad
- ○ trabajar al aire libre
- ○ realizar una labor social
- ○ poder
- ○ tranquilidad
- ○ posibilidades de promoción
- ○ independencia
- ○ buen ambiente de trabajo
- ○ riesgo
- ○ tener libre los fines de semana
- ○ horario fijo de trabajo
- ○ horario flexible
- ○ movilidad
- ○ no tener estrés
- ○ no tener grandes responsabilidades
- ○ reto contínuo

AB 3.4

Cómo expresar necesidades y deseos
Para mí *es indispensable que ofrezca* posibilidades de promoción.
Pues para mí *es importante tener* seguridad.
Para mí *sería imprescindible tener* un buen ambiente de trabajo.
También *tendría que ofrecer* un horario flexible.
Pues yo *pienso que debería* ser creativo.

Recuerda
es importante que
es imprescindible que   + presente de subjuntivo
es indispensable que
pero:
sería indispensable que
  + imperfecto de subjuntivo

8 Golpe de timón

a. Lee la trayectoria profesional de estas personas. Discute con tu compañero cuáles pudieron ser las razones por las que decidieron cambiar de profesión.

Clara Bueno
Edad: "Entre 30 y 40 años"
Antes: Juez y fiscal
Ahora: Bailarina y profesora de danza oriental
Estudios: Derecho. Posteriormente estudió baile clásico, contemporáneo, danza oriental y tai-chi.

Víctor Carro
Edad: 43 años
Antes: Ejecutivo
Ahora: Desde hace 17 años es ilustrador y estilista de interiores para las revistas Elle y Vogue, entre otras.
Estudios: Derecho y dirección de empresa

María Gómez
Edad: 43 años
Antes: Secretaria
Ahora: Masajista y profesora de yoga
Estudios: Naturopatía y quiromasaje

b. En grupos de tres. Cada uno leerá uno de los textos del anexo de la páginas 75 y 76. Toma nota de las informaciones importantes y cuéntaselas a tus otros dos compañeros.

c. ¿Qué trayectoria profesional te ha parecido más interesante?
¿Con quién te identificas más?

9 ¿Y tú?

¿Conoces a alguien que haya hecho un cambio radical de profesión?
¿A qué se dedicaba antes y a qué se dedica ahora? ¿Por qué cambió de trabajo?

10 Para escuchar

a. Escucha la entrevista a una periodista y marca si las siguientes informaciones son verdaderas o falsas.

	V	F
A Macarena le gustaba el periodismo desde pequeña.	☐	☐
Los primeros años de la profesión los pasó trabajando en ciudades pequeñas.	☐	☐
Lo que más le gusta de su trabajo es el contacto con la gente.	☐	☐
Lo peor de su trabajo es la inseguridad laboral.	☐	☐
A Macarena le gusta madrugar.	☐	☐

b. ¿Cuál de las tres afirmaciones es correcta? Marca con una cruz.

Si no se hubiera dedicado al periodismo,
  ☐ Macarena se habría dedicado a la enseñanza.
  ☐ Macarena habría sido escritora.
  ☐ Macarena habría sido actriz de teatro.

Si Macarena no hubiera encontrado este trabajo en Madrid,
  ☐ ahora viviría en Sevilla.
  ☐ se habría marchado a Londres.
  ☐ trabajaría como redactora de noticias para la televisión.

c. Contesta las preguntas.
  ¿Cuál es la entrevista más interesante que ha hecho Macarena?
  ¿A quién le gustaría entrevistar a Macarena?

Cómo hablar de hipótesis ya irrealizables
A mí me habría gustado ser fotógrafa.
Si no *hubiera estudiado* derecho, *habría estudiado* medicina.
Si + pluscuamperfecto de subjuntivo, condicional perfecto
De no haber estudiado periodismo, habría estudiado derecho.
De + infinitivo perfecto, condicional perfecto

Pretérito pluscuamperfecto de subjuntivo
hubiera	
hubieras	
hubiera	sido
hubiéramos	estudiado
hubierais	hecho
hubieran	

AB 5.6

11 ¿Y tú?

¿Qué otras profesiones conoces que sean vocacionales? ¿Piensas que hay profesiones típicamente vocacionales y otras que no lo son?

12 ¿Qué habría sido de mí, si...?

Piensa en una decisión importante que hayas tomado en algún momento de tu vida. ¿Qué habría pasado si hubieras tomado otra decisión?

*Cuando tenía 23 años, me fui a México para aprender español. Si no **lo** hubiera hecho, no habría conocido a mis amigos Carlos y Gabriela. Si no **los** hubiera conocido, no habría ido a Brasil. Si no hubiera ido a Brasil,...*

13 Martes 27 de agosto

Éste es un fragmento de *La Tregua*, novela del escritor uruguayo Mario Benedetti (1920). Escrita en forma de diario personal, *La Tregua* relata un breve periodo de la vida del protagonista, próximo a la jubilación. Lee el texto y contesta las preguntas.

Martes 27 de agosto

Frío y sol. Sol de invierno, que es el más afectuoso, el más benévolo. Fui hasta la Plaza Matriz y me senté en un banco, después de abrir un diario sobre la casa de las palomas. Frente a mí, un obrero municipal limpiaba el césped. Lo hacía con parsimonia, como si estuviera por encima de todos los impulsos. ¿Cómo me sentiría yo si fuera un obrero municipal limpiando el césped? No, ésa no es mi vocación. Si yo pudiera elegir otra profesión que la que tengo, otra rutina que la que me ha gastado durante treinta años, en ese caso yo elegiría ser mozo de café. Y sería un mozo activo, memorioso, ejemplar. Buscaría asideros mentales para no olvidarme de los pedidos de todos.
Debe ser magnífico trabajar siempre con caras nuevas, hablar libremente con un tipo que hoy llega, pide un café y nunca más volverá por aquí.
La gente es formidable, entretenida, potencial. Debe ser fabuloso trabajar con la gente en vez de trabajar con números, con libros, con planillas. Aunque yo viajara, aunque me fuera de aquí y tuviera oportunidad de sorprenderme con paisajes, monumentos, caminos, obras de arte, nada me fascinaría tanto como la Gente, como ver pasar a la Gente y escudriñar sus rostros, reconocer aquí y allá gestos de felicidad y de amargura, ver cómo se precipitan hacia sus destinos...

de Mario Benedetti *La Tregua*

1. ¿Qué profesión crees que tiene el protagonista? ¿Por qué?
2. Si el protagonista pudiera volver a elegir una profesión, ¿cuál elegiría?
3. ¿Por qué le atrae esa profesión?

14 ¿Y tú?

Si eligieras ahora tu profesión o si la pudieras volver a elegir, ¿qué profesión elegirías? Pregúntale a tu compañero de la derecha. Después, formando una cadena, cada persona explicará lo que su compañero le ha contado.

AB 8.9

Imperfecto de subjuntivo

pudiera	-a
fuera	-as
tuviera	-a
estuviera	-amos
eligiera	-ais
viajara	-an
viviera	

Cómo hablar de hipótesis todavía realizables
Si no fuera periodista, sería detective.
si + imperfecto de subjuntivo, condicional

15 Si fuera...

Elige una de estas profesiones. Tus compañeros tendrán que adivinar la profesión que has elegido. ¡Ojo! Tendrán que hacerte preguntas como en el ejemplo.

trapecista   astrólogo/-a   rey / reina   cantante de ópera   pirata
hipnotizador/-a   inventor/-a   detective   mago/-a   buceador/-a   cartero/-a

AB 10

▼ ¿Viajarías por el mundo?
■ Sí.
▼ ¿Asaltarías barcos?
■ Sí.

16 Para terminar

Imagina que el Ministro de Trabajo de tu país quiere ver a todos los ciudadanos felices. ¿Cómo sería tu trabajo ideal? Escribe tu petición.

> **Petición "El trabajo de sus sueños"**
> Anote sus deseos en esta hoja dirigida al Ministerio de Trabajo con su petición exacta según la situación en que se halle (elegir opción 1, 2, ó 3).
>
> **1. Si no trabaja, escriba:**
> ¿Qué trabajo le gustaría desarrollar en el futuro? ¿Por qué?
> ¿Qué condiciones debería tener su puesto de trabajo?
>
> **2. Si trabaja y quiere cambiar de trabajo, escriba:**
> La razón por la que le gustaría cambiar de trabajo, lo que le molesta de su trabajo actual y lo que le pediría al nuevo.
>
> **3. Si quiere mejorar las condiciones de su actual trabajo, escriba:**
> Lo que le gustaría cambiar de su actual trabajo y por qué razón.

AB 11.12

El arte de comer

1 Para empezar

Observa los siguientes platos. ¿Los has probado alguna vez?
¿Cuál de estos platos no comerías nunca?

pulpo

sushi

paella

percebes y langostinos

caracoles

nopales

2 Para escuchar

Escucha a las siguientes personas que explican los platos más extraños que han comido en su vida y completa la tabla con las informaciones.

Plato	Lugar donde lo probó
1.	
2. mermelada	
3. gambas	
4.	
5.	

3 ¿Y tú?

¿Cuál es el plato más exótico que has probado en tu vida? ¿Te gustó? ¿Dónde fue?

4 Dime qué comes y te diré quién eres...

Y ahora vamos a hacer una encuesta. Entrevista a un compañero de la clase y después comenta sus respuestas en el grupo.

- Tres alimentos que no te gusten.
- Tres alimentos que te gusten mucho.
- Un olor que no soportes.
- Un olor que te guste mucho.
- Un sabor que no te guste.
- Un sabor que te guste mucho.
- Tu plato preferido.
- Tu bebida preferida.

AB 1.2

5 Ajos con buenos modales

El autor de este artículo es un conocido crítico gastronómico. En él nos habla del ajo, uno de los ingredientes más usados en las cocinas mediterráneas, entre ellas la española. Lee el texto y después contesta las preguntas.

Ajos con buenos modales Por Caius Apicius

Para algunos, el del ajo es un auténtico "perfume de gourmet"; para muchos más, un olor insoportable del que conviene huir; compartir una u otra opinión suele estar en razón directa de la distancia al Mediterráneo de cada cual. Porque, en efecto, el ajo está presente en todas las cocinas mediterráneas... lo que no le garantiza la popularidad. La verdad es que oler, huele. Mucho. Y mucho rato, además. Eso hace que tenga muchos enemigos, que estiman que el ajo es la ruina de muchos platos; entre ellos, el escritor español Julio Camba.

Camba, como tantos otros autores, se contaba entre los detractores del ajo, ese bulbo consustancial a las cocinas españolas, del sur de Italia, de la Provenza... Efectivamente, un exceso de ajo es francamente desagradable, salvo, claro está, en platos como las propias sopas de ajo, o preparaciones al ajillo; el mismísimo gazpacho cada vez lo utiliza con más precaución. Y, sin embargo, el ajo, usado con sabiduría, puede alegrar platos que de otro modo no tendrían picardía, serían planos, sosos, anodinos. Eso sí, quien come algo con ajo no está en condiciones de negarlo: se le nota. Y pocas cosas pueden arruinar tanto una cita romántica como el tufo del ajo en la boca... salvo que su pareja también haya comido ajos.
La inquina contra el ajo no es de ahora; el propio Don Quijote increpa a Sancho llamándole "villano, comedor de ajos". Los griegos clásicos, sin embargo, lo apreciaban, en contraposición a los egipcios, amantes de los bulbos de otra liliácea: la cebolla.

Pero no hay que temer al ajo; sólo hay que saber usarlo. Lo que pasa es que si yo, ahora, les propongo una receta de pollo a los cuarenta ajos seguramente dejarán de leer este comentario: es mucho ajo, pensarán. Es mucho ajo... pero un ajo casi inocuo, que le va muy bien a algo tan insípido como los aburridos pollos de granja que hoy comemos mayoritariamente. Si usan pollo de corral, como de un kilo y medio, mejor, claro. Lo primero que han de hacer, cuando lo tengan ya listo para ir al horno, es salpimentarlo por dentro y por fuera y meterle dentro unas cuantas hierbas: unas ramitas de romero, otras de tomillo, algo de perejil, un poco de apio y -ya empezamos- cuatro dientes de ajo sin pelar.

Bajo el pollo habrán puesto más hierbas de las antes citadas y, a su alrededor... tres docenas de dientes de ajo, también con su piel.(...) Tomen este pollo con un tinto más bien recio y, eso sí, en buena compañía: la pareja que come ajos unida... permanece unida: la prueba del ajo es, no lo duden, definitiva.

www.mundorecetas.com

a. Busca en el texto:
  - qué nombre recibe la manera de cocinar un plato cuyo ingrediente predominante es el ajo,
  - cómo se llama un alimento que no tiene sabor,
  - cómo se llama la acción de poner sal y pimienta a una comida.

b. Busca las palabras o expresiones del texto relacionadas con el sentido del olfato.

c. ¿Qué quiere decir el autor del texto al escribir que el ajo en la receta de pollo a los cuarenta ajos, es "inocuo"?

d. ¿El autor del texto defiende el uso del ajo?

6 ¿Y tú?

¿Cuál es la relación de la cocina de tu país respecto al ajo? ¿Se usa mucho?
¿Y tú, utilizas el ajo en la cocina?

7 Para escuchar

a. Observa la foto y contesta:

¿Qué ingredientes crees que se necesitan para hacer este plato?
¿Es un primer plato, segundo o postre?
¿Se come frío o caliente?
¿Cuánto tiempo crees que se tarda en prepararlo?
¿En qué época del año crees que se come?

b. Ahora escucha la receta de cocina y compara con tus respuestas.

c. Aquí tienes el modo de preparación de las torrijas, pero en desorden. Ordénalo.
   Después compara con tu compañero.

Preparación:

○ Después se pasan las rebanadas de pan por el huevo batido y se fríen en el aceite hasta que estén doradas.

○ Poco antes de que la leche empiece a hervir, se retira del fuego y se deja reposar. Cuando esté templada, se echa sobre las rebanadas de pan y se dejan éstas en remojo media hora hasta que se empapen bien.

○ Al final se colocan en una fuente y se espolvorean con azúcar y canela. Se pueden comer frías o calientes.

○ Primero se corta el pan en rebanadas de aproximadamente 2 cm de grosor y se colocan en una fuente de borde alto. A continuación se calienta la leche en un cazo con las cucharadas de azúcar, la corteza de limón y la canela.

○ Una vez que las rebanadas de pan estén bien empapadas, se sacan de una en una con una espumadera, dejando escurrir bien la leche. Mientras tanto se calienta el aceite en una sartén y se baten los huevos.

○ Tan pronto como las rebanadas de pan estén bien fritas, se sacan de la sartén y se deja escurrir bien el aceite.

d. Ahora vuelve a leer el texto ya en orden y busca las expresiones temporales con las que se introduce un verbo en subjuntivo. Escríbelas en la tabla.

+ subjuntivo

AB 3.4

e. ¿Cuáles de estos utensilios de cocina son necesarios para hacer el plato de las torrijas?

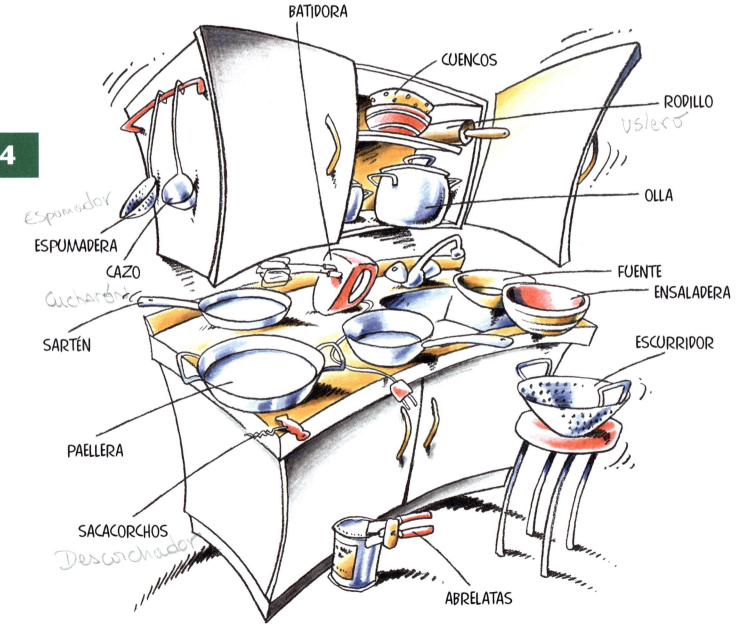

8 En la cocina

Relaciona los dibujos con estas acciones.

① amasar
② batir
③ condimentar
④ rallar
⑤ asar
⑥ hervir
⑦ cortar en (rodajas, dados, tiras)
⑧ freír
⑨ pelar

9 ¿Para qué sirve?

Piensa en tres utensilios de cocina y describe su función y sus características. Tus compañeros tendrán que adivinar de qué se trata.

> Es un recipiente **en el que** se fríe, por ejemplo, la carne.
> Se utiliza **para** freír.
> Es un objeto **que** se utiliza **para** pesar los alimentos.
> Es una cosa **con la que se** puede extender una masa.

AB 5.6

10 Cómo preparar una tortilla española

a. ¿Sabes cómo se cocina la tortilla de patata? ¿Te gustaría saberlo? Trabaja con un compañero. Uno es A (esta página), el otro es B (página 77). B explica a A cómo se elabora la tortilla de patata. A escucha y ordena las imágenes.

Cómo ordenar acciones
Primero...
A continuación...
Después...
Mientras tanto...
Al final...

11 ¿Y tú?

Piensa en un plato o postre y explica el modo de preparación a tus compañeros.
Ellos tendrán que adivinar de qué plato se trata.

12 Para terminar

En parejas vais a confeccionar un menú para la clase (primer plato, segundo y postre).
Para ello seguiréis los siguientes pasos:

AB 7

1. Pensaréis en un primer y en un segundo plato para los compañeros de la clase.

2. Escribiréis las recetas para cada plato y postre indicando los ingredientes, el modo de preparación y los instrumentos de cocina que se necesitan.

3. Le pondréis nombre al menú y añadiréis una foto o dibujo para ilustrarlo.

4. Recomendaréis una bebida para acompañar el "manjar".

5. Después haréis un mural con todas las recetas de la clase.

6. Elegid vuestro menú favorito.

El arte de comprar y regalar

1 Para empezar

Formad grupos de tres o cuatro personas. Cada grupo recibe un dado y figuras. Cada miembro del grupo lanza el dado para establecer quién empieza el juego. El participante con el número más alto comienza.

1. Una "ganga" es...
- un objeto muy bonito.
- un objeto que no sirve para nada.
- un objeto muy barato.

2. a) Lo contrario de estrecho es...
b) Un objeto que después de usar se puede tirar se llama...

3. Nombra tres cualidades que definan al vendedor ideal.

4. "Regatear" es...
- comprar algo de segunda mano.
- negociar el precio de algo.
- aumentar el precio de algo.

5. El regalo más original que ha recibido alguien de la clase es...

6. a) Nombra tres objetos que nunca comprarías.
b) Nombra los tres inventos más inútiles de la historia.

7. ¿Qué prefieres, ir de compras solo o acompañado? ¿Por qué?

8. Encuentra a alguien que haya ido de compras este sábado. Tienes 1 minuto.

9. Imagina que vas a pagar y te das cuenta de que has olvidado el monedero. ¿Qué haces?

10. Busca a dos personas que usen carro de la compra.

11. "Los horarios comerciales". Habla sobre este tema durante 1 minuto.

12. a) Di tres razones por las que no comprarías un pantalón que te ha gustado mucho.
b) Nombra tres productos que te encante comprar.

Reglas del juego:

1. Si caes en una casilla amarilla: Tienes que hacerle la pregunta a uno o varios participantes de los otros grupos.
2. Si caes en una casilla verde: Tú contestas la pregunta.
3. Si caes en una casilla roja: Tu compañero de la izquierda te hará una de las dos preguntas.

Si no consigues hacer la tarea, te quedas un turno sin jugar.

El primero que llegue a la meta ha ganado.

2 Maneras de comprar, maneras de vivir

a. ¿Cuál de estas fotos te atrae más? ¿Por qué? Coméntalo con tu compañero.

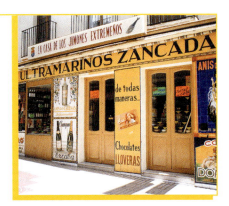 

b. Lee el texto y resume las ideas principales.

Maneras de comprar, maneras de vivir

Las tiendas de barrio están íntimamente ligadas a la imagen de la ciudad de los dos últimos siglos, pero el cambio de milenio viene marcado por la aparición de las grandes superficies junto a las autopistas urbanas.(...)

Mirando hacia atrás, podemos comprobar que la mayor parte de las compras se hacían en el pasado cerca del domicilio. Los compradores se desplazaban a pie y cargaban con las bolsas que la fuerza de sus brazos les permitía. El siguiente paso fue el carro de la compra, que facilitaba el aumento del peso. El cambio drástico llegó cuando se pasó a la escala del coche, en el que el tamaño de la compra aumentaba adaptándose a la capacidad del maletero, se reducía el número de viajes – llegando a la compra semanal – y el concepto de distancia perdía importancia.

Consecuencia y motor de este proceso ha sido la proliferación de supermercados grandes, centros comerciales y grandes superficies. Todos ellos tienen en común el aumento de tamaño de la tienda, que atrae desde grandes distancias a sus clientes con el reclamo de los precios. Todos ejercen una poderosa presión contra el comercio fijo de barrio, contra las tiendas que permanecen vinculadas a la imagen de la ciudad europea, sin las que resulta difícil imaginar una vida cotidiana plena, ya que son factores esenciales de calidad de vida y de relación entre los habitantes de los barrios.

El carácter que cada ciudad transmite proviene en gran medida de su comercio, y la calidad de las tiendas está tan indisolublemente unida a la imagen de París como a la del barrio de Salamanca, en Madrid.

Aunque las nuevas generaciones de grandes centros comerciales parecen manifestar un mayor interés por atraer a los clientes a través de un mejor diseño arquitectónico, todavía estamos lejos de hacer de las grandes superficies algo tan atractivo como las tiendas de barrio.

El mundo

c. ¿Con qué foto crees que se sentiría más identificado el autor del texto? ¿Qué partes del texto justifican tu respuesta?

d. ¿Estás de acuerdo con el autor? ¿Por qué?

3 ¿Y tú?

¿Qué ventajas y qué desventajas le encuentras a cada uno de los tipos de comercio? Anota en la lista tus ideas y luego discútelas con dos compañeros más.

	Ventajas	Inconvenientes
Tiendas de barrio		
Grandes almacenes		

Cómo comparar
Las tiendas de barrio son *más* caras *que* / *menos* caras *que* / *tan* caras *como* los centros comerciales.

Cómo contraponer dos argumentos
Las tiendas de barrio suelen ser más caras, *pero* la atención al cliente es mejor.
Reconozco que las tiendas de barrio ofrecen un trato personal. *Sin embargo*, yo prefiero los grandes almacenes.
Las tiendas de barrio ofrecen un trato personal, *mientras que* los grandes almacenes son muy impersonales.
Los grandes centros comerciales son muy ruidosos. *En cambio*, las tiendas de barrio son más tranquilas.
Las tiendas de barrio son más caras, (*pero*) *aún así* / *a pesar de eso* las prefiero, el trato es más agradable.

Cómo generalizar
Por lo general / *generalmente* las tiendas de barrio tienen una surtido poco variado de productos.
Lo habitual es que las tiendas de barrio no tengan demasiada variedad de productos.
Las tiendas de barrio *suelen* tener mejor calidad.

AB 1–4

4 Un día especial…

a. ¿Existen estas festividades en tu país?
   ¿Cómo y cuándo se celebran?

b. ¿Te parecen necesarias estas celebraciones? ¿Por qué?

5 El Día del Padre

Lee el texto de la página siguiente y después contesta las preguntas.

a. En el texto aparecen ejemplos de regalos típicos para los padres. ¿Cuáles son?
   ¿Podrías ampliar la lista?

b. Según el autor, ¿está valorada socialmente la celebración del Día del Padre?

c. ¿El autor del texto está a favor de hacer regalos en esta fecha?

d. ¿Qué opinas de la propuesta alternativa del autor sobre el Día del Padre?

El Día del Padre
Por Manuel Fuentes

Hay que ver lo que cuesta ponernos de acuerdo y en cambio la unanimidad ciudadana que se ha conseguido alrededor del Día del Padre. Todo el mundo dice que es una "chorradilla"; pero nadie tiene dudas de cuándo se celebra. "¿El Día del Padre? El 19 de marzo. San José".

Pues un momento, porque creo que deberíamos reflexionar al respecto. La cosa no tiene mucha lógica. ¿Cómo vamos a celebrar todos la fiesta del padre el mismo día? ¿No creen que esta celebración debería ser algo más personalizada? ¿O es que todos nacimos en serie y la cigüeña hizo el reparto con retraso? (...)

¿En serio que no les parece raro que todos celebremos el Día del Padre el mismo día? (...)

Si no podemos cambiar la tradición ni la fecha ¿qué tal si cambiamos los regalos? Basta de corbatas y de colonias y de tarjetas con dibujitos horrorosos y frases cursis. Olvidémonos de lo material. Para el Día del Padre, ¿qué mejor que un rato sin hijos? Conseguir por fin esa paz merecida. Recuperar el mando a distancia de la tele. Saber que sigue habiendo queso en la nevera... En definitiva: sentirse de nuevo en casa.

O sea que, hijos de España, cada 19 de marzo buscad un excusa para desaparecer del salón y haced feliz a vuestro padre por un día.

El País semanal

6 ¿Y tú?

¿Qué opinas de las siguientes afirmaciones? Discute con un compañero.

Regalos: Una muestra de simpatía – Una forma de comprar cariño.

7 Lo que me regalaron aquel día

Piensa en el peor y en el mejor regalo que te han hecho. Explícales a tus compañeros...

- ...qué regalos fueron y por qué razón te gustaron o no,
- ...cuándo te los regalaron,
- ...cuál fue tu reacción al recibir el regalo,
- ...qué hiciste con el regalo y si lo tienes todavía.

Cómo expresar / situar acontecimientos pasados
Fue para mi cumpleaños.
Fue hace 3 años.
Fue en las Navidades del 2000.
Fue cuando yo tenía 18 años.
Fue al celebrar mi final de carrera.

Cómo relatar sentimientos / reacciones del pasado
Me hizo muy feliz.
No me lo esperaba pero me encantó.
No me gustó.
Me gustó muchísimo.

8 Para escuchar

Escucha el programa de radio que trata el tema de los regalos en otros países. Después contesta las preguntas.

a. ¿A qué países se hace referencia? Anota toda la información que escuches sobre cada país.

País: _____   País: _____

b. ¿Cuáles de estas costumbres son parecidas a las de tu país y cuáles son diferentes?

c. ¿Conoces alguna otra costumbre de otros países?

9 Me gustaría que me regalaran...

Explica qué regalo te gustaría recibir el día de tu próximo cumpleaños. Describe el regalo sin nombrarlo. Tus compañeros tendrán que adivinar de qué regalo se trata.

▼ *A mí me encantaría que me regalaran para mi cumpleaños un objeto que sirve para..., que es..., que normalmente lo utilizan...*

Cómo definir un objeto
- Función
  Sirve / se utiliza para...
- Forma / color / material
  Es redondo, cuadrado, rectangular, ovalado, cónico, esférico, alargado, aplastado, abombado, puntiagudo, ...
  Es de madera / plástico / acero / cristal / hierro / plata / oro / aluminio...
- Características habituales
  Suele ser...
  Normalmente lo llevan, lo tienen, lo utilizan los estudiantes / los profesores...

AB 5.6

Recuerda
me gustaría que
me encantaría que + imperfecto de subjuntivo
preferiría que

10 El mercado de segunda mano

a. ¿Has comprado alguna vez algo de segunda mano? ¿Dónde? Comenta tus experiencias con el resto del grupo.

b. Lee los siguientes anuncios de un periódico de segunda mano y señala las palabras que hacen referencia:
- al estado de conservación o antigüedad del objeto
- a la razón de la venta
- al precio

EDREDÓN de diferentes colores y dibujos, 1,80 x 2.40, sin estrenar. Precio 72 €.
Teléfono: 917 22 13 51.

MÁQUINA de coser con mueble incluido, perfecto estado.
Teléfono: 916 56 12 98.

LAVADORA Fagor, 150 € y cocina de gas, 89 €. Poco uso, como nuevas. Regalo nevera y mueble de cocina.
Teléfono: 915 47 93 99.

ROBOT de limpieza Aspiravap, limpia y desinfecta toda la casa (cristales, azulejos, persianas, alfombras, etc.), con plancha profesional. En garantía. Precio: 450 €.
Teléfono: 915 21 58 90.

VENTILADOR de techo, 3 aspas, blanco, marca Sip, nuevo, a estrenar. Precio: 49 €.
Teléfono: 915 34 67 13.

VAJILLA y juego de café de 12 servicios, de porcelana con cobalto y filo de oro de 24 Ktes, marca Irabia, totalmente nueva, en su embalaje original y sin estrenar.
Precio inicial: 512 €.
Teléfono: 913 56 30 30.

VESTIDO fiesta negro, talla 38-40, elegante, económico.
Teléfono: 912 34 50 22.

RELOJ de pulsera Lotus, esfera azul marino, cronómetro, alarma, impecable. Vendo por no usar.
Teléfono: 913 23 47 16.

TRAJE de novia, tela de gasa, sencillo, sin cola, escote. Regalo zapatos y cancán. Precio: 359 €.
Teléfono: 918 90 16 89.

CAFETERA de filtro permanente Solac, nueva, a estrenar, embalada. Precio: 19 €.
Teléfono: 915 24 21 00.

ANILLO de oro de 18 quilates, con esmeralda central de 34 quilates, para señora. Impecable. Precio a convenir.
Teléfono: 917 24 87 14.

OPEL Corsa 1.2, Aire acondicionado, dirección asistida, elevalunas eléctricos, cierre centralizado, airbag, HiFi. 75.000 km. Precio: 7.753,06 €.
Teléfono: 915 34 16 22.

---

c. ¿Existe en tu país algún periódico de este tipo o tiendas que ofrezcan productos de segunda mano? ¿Es habitual este tipo de venta?

d. ¿Qué ventajas e inconvenientes tienen los objetos de segunda mano?

11 Para terminar

Piensa en un objeto que tengas en casa y del que quieras desprenderte (¿quizás un regalo antiguo?) por la razón que sea. Tal vez haya alguna persona de la clase a quien le interese. ¡Ésta es tu oportunidad de oro para lograr quitártelo de encima! ¡Vais a organizar un "mercadillo de segunda mano" en la clase!

① Elabora un anuncio sobre tu objeto con sus principales características.
② Cuelga tu anuncio en un tablón de anuncios (o la pizarra).
③ Después lee los anuncios para ver si alguno de los objetos te interesa. Si alguien descubre alguno de interés, contactará con el "anunciante" y se informará más detalladamente sobre las características del producto.
④ Puesta en común de los resultados. ¿Alguien del grupo ha vendido o ha comprado algo?

El amor y sus consecuencias...

1 Para empezar

a. Mira la postal y descríbela contestando las preguntas: ¿quién?, ¿qué?, ¿cuándo?, ¿dónde?, ¿cómo?

b. Con un compañero inventa un diálogo entre los amantes de la postal.

2 Sobre el amor...

a. Lee estas citas. ¿Cual te gusta más? ¿Por qué?

El amor es como la salsa mayonesa: cuando se corta, hay que tirarlo y empezar otro nuevo.
Jardiel Poncela

El amor es fe y no ciencia.
Francisco de Quevedo

El amor es física y química.
Severo Ochoa

El amor, como ciego que es, impide a los amantes ver las divertidas tonterías que cometen.
William Shakespeare

Es tan corto el amor y tan largo el olvido.
Pablo Neruda

No hay amor más sincero que el amor a la comida.
George Bernhard Shaw

Uno debería estar siempre enamorado. Por eso jamás deberíamos casarnos.
Oscar Wilde

Quien bien te quiere te hará llorar.
Refrán

El amor es un fuego escondido, una agradable llaga, un sabroso veneno, una dulce amargura, una deleitable dolencia, un alegre tormento, una dulce y fiera herida, una blanda muerte.
de "La Celestina", Fernando de Rojas

b. Elige una de las citas para "decorar" la foto de la actividad 1.

3 ¿Y tú?

¿Te atreves a hacer una definición propia del amor? Trabaja con tu compañero.

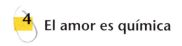 **El amor es químico**

Lee el texto y después contesta las preguntas.

El amor es química

¿Palpitaciones?, ¿sudoración? ¿cambio de color? su enfermedad es grave: es amor

1   Hay una razón bioquímica que puede explicar el dolor de una ruptura amorosa. Cuando un ser humano se enamora, su cerebro libera feniletilamina. Al igual que las anfetaminas, esta substancia aumenta la energía física y la lucidez mental. Al extinguirse las sensaciones del enamoramiento, el nivel de feniletilamina se derrumba, y el cuerpo experimenta una especie de "síndrome de
5   abstinencia"... que coincide con el ansia de comer chocolate (rico en feniletilamina) que sienten muchas personas tras romper con su pareja.
    Claro que antes de que llegue la ruptura debe producirse el enamoramiento y, durante éste, se desarrolla un lenguaje específico: el coqueteo. Los psicólogos conductistas lo han estudiado en muchas culturas y han concluido que los gestos indicativos de interés, disposición o desinterés
10 erótico por una persona son iguales en Groenlandia y en Tierra de Fuego. En ese lenguaje ecuménico, los ojos lo dicen todo. Una señal común es sostener la mirada un poco más de lo normal. Otro: una sonrisa luminosa y beatífica, seguida de un bajar de ojos ruborizado. Más gestos: pequeños tocamientos leves, mojarse los labios a menudo y decir a todo que sí con la cabeza.
    Precisamente ahí, en la cabeza es donde reside el sexo. Al parecer, en el hipotálamo existe un "núcleo de la sexualidad". Cuando usted se siente atraído sexualmente, ese núcleo envía una señal
15 química a la hipófisis, que hace que se liberen hormonas sexuales (estrógenos y progesterona, por ejemplo). A los pocos segundos, el corazón se acelera, usted se siente desfallecer... y hay quien se marea y hasta se desmaya. Aunque ése no tiene por qué ser necesariamente su caso.
    Si bien, si es hombre tiene más probabilidades de que le ocurra. Y es que el hombre es más proclive al flechazo que la mujer, según señalan los expertos. Investigadores que han medido el grado
20 de enamoramiento de cientos de jóvenes, han comprobado que la cuarta parte de los varones se había enamorado "perdidamente" antes de la cuarta cita, frente a sólo el 15% de las chicas. De hecho, la mitad de las chicas declaró que no se había enamorado hasta después de más de ¡20 citas! con el hombre al que, más tarde, acabaron amando.
    La conclusión de los expertos es que los hombres son menos "selectivos". Para empezar, ellos se fijan primero en el físico. Si la visión es positiva, pueden sucumbir al enamoramiento ipso facto.
25 "Eso no les ocurre a las mujeres", explican los psicólogos. "Las mujeres piensan en el amor en términos de futuro y estudian el factor económico. No es sólo materialismo. Hasta hace poco, la vida de las mujeres dependía en gran parte del hombre que escogían como pareja. Que un hombre se viera envuelto en una pasión de un día no tenía importancia, porque su vida giraba en torno a su trabajo. Pero no es cierto que la mujer no sucumba a los temblores de la atracción sexual. Lo
30 que ocurre es que ellas permiten que la cabeza domine sus emociones... al menos al principio".

El Mundo, La Revista

a. Señala en qué líneas del texto se tratan los siguientes temas:

_____ La comunicación no verbal del amor.
_____ La explicación científica del enamoramiento
_____ Las diferencias entre el hombre y la mujer cuando se enamoran.

b. ¿En qué orden aparecen las siguientes afirmaciones en el texto? Numéralas.

- (2) El cerebro y ciertas hormonas regulan el enamoramiento y sus diversas manifestaciones.
- (5) El hombre es más proclive al enamoramiento que la mujer.
- (3) La sonrisa y la mirada juegan un papel importante en el juego del coqueteo.
- (4) No existen grandes diferencias culturales en el modo de flirtear.
- (6) Las mujeres racionalizan más el amor.
- (1) Cuando una persona sufre una ruptura amorosa sus niveles de energía y claridad mental disminuyen.

c. Busca en el texto todas las palabras, que en tu opinión, tienen que ver con el amor.

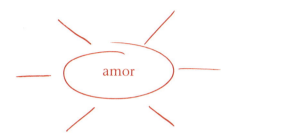

AB 1.2

d. Subraya en el texto las diferencias que aparecen entre el hombre y la mujer respecto al amor. ¿Estás de acuerdo? Ahora, junto a dos compañeros haced una lista con más diferencias. Después discutid con el resto del grupo.

5 Para escuchar

a. Escribe junto a un compañero una lista de posibles diferencias entre los miembros de una pareja. Por ejemplo, la edad, la nacionalidad... etc.

b. Ahora escucha esta charla entre amigos y anota de qué diferencias hablan ellos. ¿Coinciden con las vuestras?

c. Vuelve a escuchar la charla y anota las distintas opiniones sobre cada una de las diferencias.

6 ¿Y tú?

¿Conoces alguna pareja con alguna de estas diferencias?
¿Crees que alguna de estas diferencias es insalvable?

7 Su nombre es Dulcinea…

a. Observa cómo describe Don Quijote de la Mancha a su amada Dulcinea. Subraya las partes del cuerpo que describe y con qué las identifica.

_____ *Don Quijote describe a su amada Dulcinea:*

»Su nombre es Dulcinea ; su patria, el Toboso, un lugar de la Mancha;
su calidad, por lo menos, ha de ser de princesa, pues es reina y señora mía;
su hermosura, sobrehumana, pues en ella se vienen a hacer verdaderos
todos los imposibles y quiméricos atributos de belleza que los poetas dan a sus damas;
que sus cabellos son oro, su frente campos elíseos, sus cejas arcos del cielo,
sus ojos soles, sus mejillas rosas, sus labios corales, perlas sus dientes,
alabastro su cuello, mármol su pecho, márfil sus manos,
su blancura nieve, y las partes que a la vista humana encubrió la honestidad son tales,
según yo pienso y entiendo, que sólo la discreta consideración puede encarecerlas,
y no compararlas.«

(*Don Quijote de la Mancha* Miguel de Cervantes) _____

b. ¿Cómo describirías a tu persona amada? Elige cuatro partes del cuerpo y descríbelas. Utiliza un diccionario si es necesario.

c. Piensa en un personaje famoso de la actualidad (político, actor…) del que estés "enamorado o enamorada" y haz junto a un compañero una descripción. Después la leerás al resto del grupo y éste tratará de adivinar de quién se trata.

8 ¿Y tú?

La descripción de Dulcinea responde a un modelo de belleza de la época renacentista.
- ¿Cómo definirías el modelo de belleza actual?
- ¿Crees que la belleza juega un papel importante en la actualidad?

9 El amor y los cuentos

a. ¿Recuerdas el cuento de la Cenicienta?
   Anota las informaciones más importantes que recuerdes sobre:

   ① Personaje principal y sus características.
   ② Otros personajes, su descripción y su función en la historia.
   ③ Acontecimiento importante que irrumpe en la vida de Cenicienta.
   ④ ¿Qué conflicto aparece en la vida de los personajes?
   ⑤ ¿Cómo se soluciona el conflicto?

b. Pues bien, el cuento que te proponemos a continuación, La Cibercenicienta, está inspirado en La Cenicienta. Lee el inicio del cuento.
   ¿Qué diferencias encuentras respecto al cuento tradicional?

Érase una vez hace muy pocos años una joven que vivía en un dúplex en el centro de Jarcovendas, un pequeño pueblo a las afueras de Cádiz. Celia, que así se llamaba, era la sirvienta de dos solteronas cincuentonas. No era precisamente lo que se describiría como una hermosura: su estatura mediana, su gordura, su pecoso rostro velado por una mata de pelo sin gracia y su pierna ortopédica, debido a un accidente de moto donde falleció su padre, no la convertían en una celebridad entre los chicos del barrio. Pero al margen de toda esta desgracia cabe mencionar que Celia era una chica muy soñadora, dueña de un espíritu tan aventurero y rebelde que, con sólo cerrar los ojos, imaginaba que era una princesa, volaba, navegaba sin rumbo en un barco de papel, montaba en elefante... Y esto le daba fuerzas para afrontar su cruda realidad y dejar atrás los chillidos de sus amas. Casilda y Eusebia no eran mujeres muy adineradas, ya que se habían arruinado en múltiples liftings, liposucciones, operaciones de nariz..., pero aun así pretendían vivir como un par de marquesas. Manipulaban a Celia, que no paraba de limpiar la casa, hacerles la manicura, la pedicura e infinidad de cosas más.

c. ¿Cómo crees que continúa el cuento de la Cibercenicienta?

- El pretendiente de Cibercenicienta: ¿quién es?
- La Cibercenicienta y su enamorado: ¿cómo y dónde se conocen?
- Las 12 de la noche: ¿qué obstáculo surge?
- El final: ¿cómo logra encontrar el pretendiente de Cibercenicienta a su enamorada?

d. Ahora escucha el cuento y comprueba si tus hipótesis son correctas.

10 Érase una vez…

a. Lee estos tres fragmentos del cuento de la Cibercenicienta y subraya los verbos en pasado que aparecen. ¿Qué tiempos verbales son? Fíjate en cómo se usan y después completa la regla.

Érase una vez hace muy pocos años una joven que vivía en un dúplex en el centro de Jarcovendas, un pequeño pueblo en las afueras de Madrid. Celia, que así se llamaba, era la sirvienta de dos solteronas cincuentonas. No era precisamente lo que se describiría como una hermosura (…)

Ya eran casi las once de la noche. A lo lejos se podían distinguir los ronquidos de las dos amas y Celia, aprovechando que se encontraban en un profundo sueño, bajó al primer piso para tener un encuentro cibernáutico con el hombre en el que llevaba pensando todo el día. (…)

(…) La noticia corrió por todo el pueblo y la guardia se puso a trabajar día y noche. Sus esfuerzos fueron en vano, y cuantas más casas visitaban, más decepcionados salían. Ya en el abismo de la desesperación, llegaron a la última casa, que casualmente, resultó ser la de Celia. Sonó el timbre. Casilda se negó a abrir, ya que la sorprendían sin el rímel puesto, y Eusebia estaba en el cuarto de baño aplicándose un tinte color canela en el pelo, así que, como siempre, tuvo que ser Celia la que abriera la puerta. (…)

b. Ahora completa la regla.

El _____ se utiliza para *describir personajes* y el *marco o escenario* donde transcurre la acción. Para presentar las *acciones o los acontecimientos* se usa el _____. El _____ se utiliza también para hablar de *acciones habituales* y dar *explicaciones complementarias* de la acción principal.

c. Busca en la página anterior y en la continuación del cuento en el anexo (pág. 78 y 79) otros ejemplos que justifiquen la regla.

11 ¿Y tú?

Entre todo el grupo inventaréis una historia:

1. Empezaréis eligiendo al protagonista.

2. Decidiréis si el final del cuento será feliz o trágico.

3. Tres de estos elementos formarán parte de la historia.

4. Se formará una cadena en la que cada persona formulará una frase. Así hasta finalizar la historia. Las siguientes palabras te pueden ayudar a elaborar la narración.

de repente   *en cuanto*   *al cabo de*   *desde que*   *en aquel momento*   *así que*

porque   *y*   *cuando*   *ya que*   *aunque*   *sin embargo*   *pero*

AB 6.7

12 Para terminar

Lee este cuento de Augusto Monterroso (Tegucigalpa, 1921). ¿Es breve, verdad? Imagina que es el final. Inventa con un compañero una historia.

Y cuando despertó, el dinosaurio todavía estaba allí.

Para escribir la historia piensa en:
1. Los personajes, cómo son y qué relación mantienen entre ellos.
2. Dónde y cuándo se desarrolla la historia.
3. Acontecimiento importante que irrumpe en la vida del protagonista.
4. Conflicto.
5. Solución del conflicto.

AB 8.9

Medios de información

1 Para empezar

a. ¿Cuál o cuáles de estos medios de información utilizas con más frecuencia?
b. ¿Cuál de ellos no utilizas nunca o muy poco? ¿Por qué?
c. ¿Cuál de estos medios juega un papel importante en tu país?
   ¿Por qué crees que es así?

2 Según la estadística

Con un compañero comenta la estadística.
¿Hay algún dato que te llama la atención?

	TOTAL AÑO	
	2001	2000
POBLACIÓN	34.818	34.734
	%	%
Diarios	35.9	36.3
Revistas	30.4	32.1
Radio	52.8	53.6
Cine	11.2	11.0
Televisión	89.2	89.2
Internet	20.4	12.6

Fuente: EGM-Radio XXI - AIMC

El medio dominante sigue siendo la televisión. Se estima que cada vivienda española cuenta con 2,02 televisores de media y en el 61,4%, la tele está encendida por costumbre, se atienda o no a la pantalla.

Cómo comentar datos
- La estadística muestra que...
- De la estadística podemos deducir que...
- En primera posición está... / le sigue...
- Sin duda alguna... juega un papel importante.

3 ¿Caja lista o caja tonta?

a. ¿Qué problema tienen estas dos personas?
   Discute con tu compañero.

b. Lee el texto, ¿con qué uso de Internet se relaciona la adicción?

Adictos a Internet
Un estudio médico revela que el 8,8% de los usuarios sufre una dependencia enfermiza de la Red

Si dedica más de 30 horas de su ocio a navegar cada semana por Internet, siente el impulso de conectarse al entrar en su casa, descuida relaciones personales que antes le resultaban satisfactorias, pierde horas de sueño, no puede controlar el tiempo que pasa conectado o sufre ansiedad cuando no está en la Red, usted tiene problemas graves de adicción.

Un estudio, realizado por tres psiquiatras de Madrid y uno de Barcelona, revela que el 30% de los internautas que respondieron a su encuesta están en riesgo de dependencia y que el 8,8% sufre los síntomas de un uso problemático de alguno de los servicios de Internet. (...)

Jesús de la Gándara, psiquiatra del hospital Divino Vallés de Burgos, sostiene que la dependencia patológica a la Red "será un problema grave en el futuro y que ya afecta a los más jóvenes". La doctora Ángeles González, de la unidad de psiquiatría del hospital de Bellvitge, en Barcelona, y que desde 1986 trata los casos de ludopatía, considera que la diferencia esencial entre el juego – que está mal visto en la sociedad –, y la Red, es que ésta "cuenta con un enorme prestigio" por el supuesto nivel económico, educacional y de conocimiento en las nuevas tecnologías de sus usuarios. "La gente no es consciente de su dependencia y se resiste a venir". De los 350 casos tratados en el año 2001 en Bellvitge, tres o cuatro han sido por adicción a la Red. "Existe una muestra escasa como para sacar conclusiones médicas", añade. La doctora González también destaca el hecho de que los adictos a la Red tienen además otras dependencias, y ciertos trastornos en el comportamiento, aunque existen excepciones. "Tuvimos un caso de una chica, de veintipocos años, universitaria y sin problemas psíquicos aparentes. Comenzó a hacer un uso enfermizo de los chat, abandonó sus relaciones con los amigos, comenzó a perder sueño por las noches y dejó de acudir a la facultad por las mañanas. Fue ella quien nos pidió ayuda y en pocas sesiones mejoró. (...)

Personas solitarias, aisladas, de baja autoestima, con dificultades para establecer relaciones, ansiosas, que esquivan el riesgo y que necesitan una recompensa inmediata. Éste es el perfil psicológico de los que se quedan enganchados al chat, el servicio más adictivo junto a los juegos interactivos. Afecta, sobre todo, a los jóvenes con estudios, urbanos y con conocimientos de inglés. (...)

El País

c. Según el artículo, ¿qué síntomas presenta una persona adicta a Internet? Haz una lista y después compara con tu compañero.

d. ¿Qué razones, según el texto, hacen difícil la curación de los adictos a la Red?

e. ¿Qué grupo social es el más afectado según el texto?

f. Y ahora busca en el texto todas las palabras o expresiones relacionadas con la palabra "Internet".

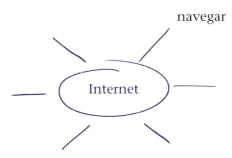

4 ¿Y tú?

¿Cómo es en tu país? ¿Existe una adicción a Internet?
Discute con tus compañeros (quiénes usan la red principalmente, qué tipo de servicios utiliza más la gente, etc.).

5 ¿Es adicción?

¿Es adicción? ¿Sí o no? Discute con tus compañeros.

	sí	no
Carlos comprueba si han llegado mensajes a su móvil cada media hora.	☐	☐
Fernando siempre tiene la radio encendida, también cuando no la escucha.	☐	☐
Al llegar a casa Manuel pone la televisión.	☐	☐
Cuando Carmen entra a su casa lo primero que hace es ver si tiene nuevos correos electrónicos.	☐	☐
Jorge y María compran todas las semanas una revista del corazón.	☐	☐
Marta se pone de mal humor si no puede leer el periódico mientras desayuna.	☐	☐
Lo primero que Raquel hace al entrar en su casa es ver si tiene mensajes en el contestador automático.	☐	☐

◆ *Yo creo que el comportamiento de Carmen...*
■ *A mí no me parece que Jorge y María sean...*
▼ *Bueno, depende de cuándo... / de cómo... / de si...*

6 Dime qué lees

a. ¿Lees prensa publicada en español? ¿Conoces alguno de estos periódicos y revistas?

b. ¿A qué tipo de prensa pertenecen?

prensa diaria   prensa del corazón   periódico deportivo
periódico de economía   revista de divulgación (moda, ciencia, salud, etc)

7 ¿Y tú?

¿Qué tipo de prensa te interesa? ¿Por qué?
¿Qué tipo de prensa no lees nunca? ¿Por qué?

8 Noticias breves

a. Lee las noticias de la página siguiente y relaciónalas con los titulares.

Catorce intoxicados por alimentos en mal estado

Una banda asalta el piso de Esther Koplowitz y roba 14 pinturas de gran valor

Devuelve un libro a la biblioteca con 53 años de retraso

17 detenidos en un desalojo de «okupas»

AEROPUERTO EVACUADO POR UN PAQUETE DE CIRUELAS

Noticias breves

LONDRES.- Un lector con remordimientos de conciencia ha devuelto a la biblioteca un libro de Historia que tomó prestado hace 53 años. Por vergüenza o por no tener que pagar los atrasos, el misterioso 'tardón' no ha querido dar la cara. Según ha explicado la bibliotecaria de un pequeño pueblo de Cornualles, en el suroeste de Inglaterra, el libro había sido prestado en septiembre de 1948 por la biblioteca de Camborne.

BARCELONA.- Catorce miembros de una familia fueron atendidos el sábado en centros sanitarios de Calafell y El Vendrell por una intoxicación provocada por una comida elaborada por ellos mismos. Los afectados comieron pollo con arroz aliñado con una salsa a base de huevo durante un picnic en Albinyana. Los intoxicados sufrieron gastroenteritis, según informaron fuentes sanitarias.

BRUSELAS.- La policía de Bruselas fue avisada ayer de que había un paquete sospechoso en la terminal de viajeros del aeropuerto. Tras evacuar esa terminal y tomar las medidas habituales, los artificieros llevaron al exterior el paquete sospechoso. El paquete fue explosionado y entonces pudieron comprobar que sólo contenía ciruelas.

MADRID.- La empresaria Esther Koplowitz fue ayer víctima de un robo en su vivienda de Madrid, de donde unos ladrones sustrajeron cuadros y otras obras de arte valoradas en miles de millones. Los ladrones golpearon y maniataron al vigilante de seguridad de la vivienda.

BARCELONA.- La violencia se desató ayer por las calles del barrio barcelonés de Gracia. La ejecución del desalojo judicial de una casa ocupada ilegalmente por una familia provocó una reacción en cadena entre los okupas de un edificio colindante, los cuales hicieron frente a la policía con todo lo que encontraron y tenían a su alcance. Los efectivos antidisturbios detuvieron a 17 personas, 14 de ellas de nacionalidad española, dos argentinos y un alemán.

b. Vuelve a leer las noticias y subraya las informaciones que responden a las siguientes preguntas:

	Por ejemplo:
¿Quién?	un lector
¿Qué ocurrió?	ha devuelto a la biblioteca un libro que tomó prestado hace 35 años...
¿Dónde ocurrió?	un pequeño pueblo de Cornualles...
¿Cuándo?	¿??

c. En la prensa escrita es habitual el uso de la pasiva. Busca en las noticias dónde se expresan estas informaciones. Escríbelas junto a la frase correspondiente y compara.

La biblioteca de Camborne había prestado el libro en septiembre de 1948.

_____

El sábado atendieron a catorce miembros de una familia por una intoxicación.

_____

La policía explosionó el paquete.

_____

AB 3-6

Voz pasiva
verbo ser + participio
La policía fue avisada
El libro había sido prestado

9 Para escuchar

a. A continuación vas a escuchar un informativo radiofónico. Escucha y señala de qué tipo de noticia se trata.

	1	2	3	4	5
deporte	☐	☐	☐	☐	☐
parte meteorológico	☐	☐	☐	☐	☐
política	☐	☐	☐	☐	☐
sociedad	☑	☐	☐	☐	☐
cultura	☐	☐	☐	☐	☐

b. Y ahora escucha de nuevo y toma notas. Intenta contestar a las preguntas.

	¿Quién?	¿Qué?	¿Dónde?	¿Cuándo?
1				
2				
3				
4				
5				

c. A partir de las notas que has tomado explica el contenido de dos noticias a tu compañero.

10 Inventa la noticia

En parejas inventad una noticia breve (2 ó 3 líneas máximo) con su titular, escogiendo un elemento de la columna "¿quién?" y otro de la columna "¿qué?". Gana el grupo de la clase que consiga redactar las noticias más divertidas del día.

¿Quién?	¿Qué?
vaca	detenido
ordenador	secuestrado
niños	robado
policía	en huelga
perro	golpeado
cajero automático	desaparecido

11 Para escuchar

a. Escucha el siguiente reportaje sobre el robo de las obras de arte en casa de la empresaria Esther Koplowitz. ¿En qué orden aparecen las siguientes informaciones?

- ☓ Los ladrones se llevaron en total 14 pinturas.
- ○ Los vecinos han declarado no haber escuchado ningún ruido.
- ○ Según fuentes policiales, los ladrones contaban con una información detallada del piso y las obras antes de entrar.
- ○ La policía sospecha que algún vecino, amigo o la compañía de seguridad ha dado informaciones precisas a los ladrones.
- ○ Se ha confirmado que sólo había un vigilante esa noche y que las alarmas del piso estaban desconectadas.
- ○ Expertos han señalado que las obras de arte sustraídas no pueden ser vendidas porque son demasiado conocidas.

b. Y ahora subraya en las frases anteriores aquellos verbos o expresiones que sirven para introducir la información dicha por otra persona.

12 ¿Y tú?

¿Recuerdas alguna noticia que te haya sorprendido últimamente? Cuéntala.

Esta semana he leído en el periódico que...
Hace poco / hace unos días / el otro día escuché en la televisión que...

13 Para terminar

Mira las fotos, elige la que te parezca más interesante y busca a otro compañero que haya escogido la misma que tú. Después inventad una noticia adecuada para la imagen y escribidla para publicarla en "el diario de clase". Utilizad para ello el esquema:

¿Quién?, ¿Cuándo?, ¿Dónde?, ¿Qué?, ¿Cómo?

Diferentes formas de comunicarse

1 Para empezar

a. ¿Qué situación crees que aparece en cada escena? ¿Qué situaciones dirías que son más formales? ¿Por qué?

b. Escucha los diálogos y anota si usan tú o usted.

	tú	usted
1.	☐	☐
2.	☐	☐
3.	☐	☐
4.	☐	☐
5.	☐	☐
6.	☐	☐

2 Cuatro pistas para tutearse correctamente

a. A partir de los ejemplos de la actividad anterior, ¿podrías establecer ahora la regla de uso de "tú" y "usted"?

b. Ahora lee y compara las normas que tú has formulado con las "cuatro pistas" siguientes:

Cuatro pistas para tutearse correctamente

El uso del tuteo en España se está generalizando. Sin embargo, hay situaciones donde todavía elegir entre un "tú" y un "usted" sigue siendo necesario, o al menos aconsejable. Aquí tiene algunas reglas que le pueden ayudar.

1. Ante un desconocido lo habitual es utilizar el "usted", especialmente con personas de mayor edad. Si la otra persona lo considera adecuado, le ofrecerá el tuteo.
2. En las profesiones donde se presta un servicio (hostelería, transporte, venta ...) se utiliza sobre todo "usted". La norma, sin embargo, suele romperse cuando los interlocutores son jóvenes.
3. En el trabajo existe un uso bastante generalizado del tuteo. Sin embargo, al dirigirse a su jefe utilice la forma "usted". Espere a que él le proponga tutearle.
4. Si un amigo le presenta a un amigo suyo puede tutearle, salvo que por razones de edad o por categoría social o profesional sea conveniente el uso de "usted".

Y no olvide que en caso de dudas es preferible empezar con un "usted". Posiblemente su interlocutor le sorprenderá con alguna de estas frases:

¿Qué tal si nos tuteamos?
¿Me permite que le trate de tú?

c. Compara con las normas de tu país. ¿Qué es igual? ¿Qué es diferente?

3 ¿Y tú?

Con un compañero prepara las siguientes situaciones. ¡Ojo! Piensa antes en tu interlocutor: edad, situación (laboral, de tiempo libre...), etc.

¡Inicia una conversación con un desconocido!
¡Presenta a una tercera persona!
¡Pregunta al teléfono por alguien!
¡Pregunta en la calle por una dirección!

4 Tutearse

a. El autor del texto está a favor del uso mayoritario del "tú". Busca en el texto las razones que da para apoyar su opinión.

TUTEARSE
Juan Arias

Tutearse es muy español. Es casi un distintivo de la nueva España. ¿Será un pecado? Hay quienes ven esta riada de tuteo como el inicio de un derrumbamiento del concepto de autoridad y de respeto. Sin duda alguna, a quien lleva muchos años fuera de aquí le produce una cierta impresión el que, por ejemplo, el portero de tu casa, a las 24 horas de haberte conocido, te pregunte si puede tutearte.

Al contrario, a los extranjeros que nos visitan el tuteo les resulta agradable; a veces hasta les exalta. Por ejemplo, a los italianos, acostumbrados como están a ese complejo ceremonial de *dottore, professore, ingeniere, avvocato, cavalliere*. Saben muy bien que cuando, en el restaurante, el camarero llama a uno *dottore*, o a una *proffesoressa*, es puro ceremonial, porque ni te va a tratar mejor ni se cree que eres alguien. Es un rito.

El tuteo español no deja de ser otro rito, porque el empleado sabe muy bien que por el hecho de poder tutear al jefe no deja de ser menos súbdito, pero quizá sea un rito más en armonía con el mundo moderno que intenta liberarse del peso de tantos convencionalismos (...)

No creo que el tuteo signifique ni falta de respeto ni deseo de minar el concepto base de autoridad.(...)

Recuerdo que el entrañable y gran escritor siciliano, el difunto Leonardo Sciascia, te tuteaba con un respeto tal que tenías la sensación de que te estaba tratando de *excelencia*. Y precisamente por ello te obligaba a responderle con un tuteo que necesitabas modular con el tono de voz para demostrarle que no por ello desconocías su autoridad de maestro indiscutible.

Se puede tratar de usted a una persona despreciándola y se la puede tutear admirándola y venerándola. Ya sé que alguien podría objetar que la forma es siempre importante y que lo mejor es saber mantener las distancias incluso verbalmente, y que hay padres a quienes les gustaría que sus hijos les tratasen de usted, como antaño. Y, sin embargo, la nueva generación ha cambiado sus cánones. Es posible que la franqueza de los jóvenes nos produzca a los mayores una cierta desazón o desconcierto, y no niego que exista el peligro de sobrepasar los límites del respeto. Pero es difícil no admitir que la relación de diálogo y de espontaneidad que hoy existe entre padres e hijos es un bien al que pocos estarían dispuestos ya a renunciar.

Y si esa espontaneidad está saltando en España de la familia a la calle podría significar por lo menos el deseo de querer alargar las relaciones, de sentir que la familia se ensancha. (...)

Podría acontecer así que la fiebre española del tuteo, que no creo que tenga parangón en Europa, responda a una doble exigencia de jóvenes y menos jóvenes de no sentirse aislados ni demasiado distantes. (...)

El País

b. El autor del texto hace una referencia al uso de "tú" en Europa. Según él, ¿se usa igual que en España? ¿Qué sabes sobre el uso de "tú" y "usted" en otros países?

c. ¿Estás de acuerdo con el autor? Da tu opinión.

> **Como referirse a un tema ya conocido y mostrar acuerdo y desacuerdo**
> *Respecto a lo de que* el tuteo no significa falta de respeto estoy de acuerdo.
> *En relación a lo de que...*
> *En eso de que...*
> *Con lo de que...*

d. Ahora, junto a dos compañeros, anota argumentos para defender el uso de "usted".

5 Para escuchar

Escucha a estas personas hablando de los diferentes usos de tú y usted en sus respectivos países y anota las informaciones principales en la tabla. ¿Qué es lo que más te ha llamado la atención?

	Guatemala	Perú	Argentina	Chile
Uso de tú				
Uso de usted				

6 El español de América

a. ¿Recuerdas en qué países puedes escuchar esta frase? ¿Conoces otras diferencias entre el español de España y de América?

¿Querés bailar?

b. Las mayores diferencias entre el español de España y el de América se encuentran en el vocabulario. A continuación vas a escuchar a cuatro latinoamericanas hablando de estas diferencias. Escucha y completa la tabla con la palabra correspondiente.

España	Argentina	Chile	Perú	Guatemala
	plata			*Pisto*
			carro	
autobús				
	manejar			
		palta		
fresas				
adiós				
				papas

c. Además de estas diferencias han mencionado otras. ¿Cuáles?

7 ¿Y tú?

Selecciona un país de Latinoamérica con el que tengas algún tipo de relación (un amigo, un compañero de trabajo, etc) y prepara para el próximo día de clase una lista con diferencias entre el español de ese país y el hablado en España.

8 El vigor del "spanglish"

a. ¿Has oído hablar alguna vez del "spanglish"? Lee estas palabras y expresiones. ¿Qué crees que significan? ¿En qué crees que consiste el fenómeno "spanglish"?

- Tengo que vacunar la carpeta.
- carta verde
- Te llamo para atrás.
- No puedo parquear el carro.
- ¡Taipea!
- el rufo del bildin

b. Ahora lee el siguiente artículo que apareció en el periódico *El País* y comprueba si tus deducciones son correctas.

El vigor del 'spanglish'

El cóctel de español e inglés invade las calles de Nueva York por boca de su población hispana

JAVIER VALENZUELA, Nueva York

Uno *parquea el carro* en las proximidades de Mony Travel, el local del número 3825 de la neoyorquina calle de Broadway; apaga el radiocasete, donde sonaba música de Selena; pone unos cuartos en la maquinita municipal, no vaya a ser que la policía ronde por la zona y le ponga un *ticket*, y se encamina hacia el local, que anuncia a los transeúntes: «Prepare su *income tax* aquí».

La "carpeta" de Mony Travel está tan desgastada y sucia como casi todo en este rincón septentrional de Manhattan, habitado por dominicanos y puertorriqueños; pero, como también casi todo, el local bulle de vida: gente telefoneando a países latinoamericanos, buscando billetes de avión baratos, indagando por un abogado que pueda arrancarles una sustanciosa *liability* por un accidente de tráfico, recabando información sobre cómo conseguir la *carta verde* y evitar la deportación, preparando sus *income tax*... Entre la algarabía de voces, uno retiene la de una joven mulata que termina así su conversación telefónica: «Te llamo para atrás, ¿okey?».

En este barrio de Washington Heights, en todos los de Nueva York con presencia hispana, se ha impuesto el *spanglish*, un castellano salpicado de palabras inglesas - *ticket* (multa), *income tax* (impuesto sobre la renta), *okey* (de acuerdo), *liability* (responsabilidad civil), *nice* (simpático)...- y traducciones literales de palabras y frases inglesas – *chores* (*shorts*, pantalones cortos), *marqueta* (*market*, mercado), *taipear* (*to type*, escribir a máquina), *parquear el carro* (*parking the car*, aparcar el coche), *vacunar la carpeta* (*vacuum the carpet*, aspirar la alfombra), *te llamo para atrás* (*I call you back*, te vuelvo a llamar), *el rufo del bildin* (*the roof of the building*, el techo del edificio)...

Un habla que, como comenta con humor Enrique Camacho, el director del Instituto Cervantes de Nueva York, produce disparates como el decir que el hispano Fernando Ferrer «está corriendo para la oficina de mayor» (está compitiendo por el cargo de alcalde), o que tal tienda «delibera groserías» («deliver grocery», reparte la compra), o que cual negocio «necesita mujeres estériles» («need steady women», necesita empleadas fijas).

(...)

El País

9 Debatiendo

El "spanglish" se ha convertido en un tema polémico. Lee las afirmaciones a favor y en contra. Debate con tus compañeros.

»El 'spanglish' trata al español como si la lengua de Cervantes, Lorca, García Márquez, Borges y Paz no tuviera una esencia y una dignidad propias. No es posible hablar de física o metafísica en spanglish, mientras que el español tiene un vocabulario más que adecuado para ambas disciplinas«.

Roberto González-Echeverría, profesor de literaturas hispánicas y comparada en la Universidad de Yale.

»El 'spanglish' no es un verdadero idioma. Es un 'híbrido' al que se le agregan al español términos fonéticos anglosajones, sin traducir, o traducidos erróneamente«.

VistaUSA Magazine

»Si el 'spanglish', un híbrido lingüístico, le sirve como vehículo de comunicación a la población, ¿qué derecho tenemos nosotros de arrebatárselo?«

Ilan Stavans, hispanista mexicano

Cómo mostrar acuerdo y desacuerdo
- En principio estoy de acuerdo, pero...
- Comparto tu punto de vista.
- Yo no estoy de acuerdo.

Cómo interrumpir la conversación y pedir el turno de intervención
Por favor, ¿podría decir algo?
A mí me gustaría añadir algo más.
Perdona que te interrumpa, pero...
Disculpa, pero....

10 Algunos gestos valen más que mil palabras...

a. ¿Qué denotan los siguientes gestos? Relaciona los gestos con su significado.

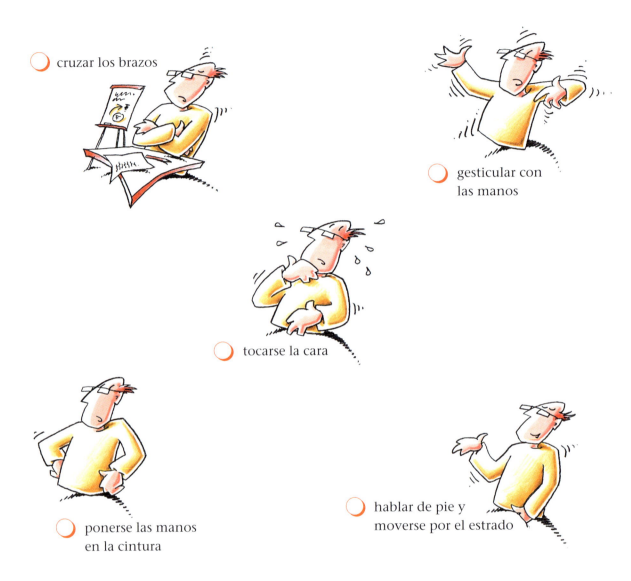

- ○ cruzar los brazos
- ○ gesticular con las manos
- ○ tocarse la cara
- ○ ponerse las manos en la cintura
- ○ hablar de pie y moverse por el estrado

- ⓐ Es una muestra de inseguridad y nerviosismo.
- ⓑ Es una muestra de distancia y autoprotección.
- ⓒ Demuestra falta de capacidad para convencer a otros.
- ⓓ Denota seguridad. Pero no conviene abusar de este gesto, ya que puede dar idea de una cierta prepotencia.
- ⓔ Parecerás más seguro y tu intervención resultará más dinámica.

b. ¿Estás de acuerdo con las interpretaciones?
¿Conoces otros gestos positivos o negativos?

11 Cómo meterte al público en el bolsillo

a. En parejas. Haz una lista con consejos para hablar ante el público.

① ....
② ....
③ ....
④ ....
⑤ ....

b. En parejas. A lee los consejos de esta página, B lee los consejos de la página siguiente. Después os contáis mutuamente lo que habéis leído.

Cómo meterte al público en el bolsillo...

- Antes de empezar, espera a que se haga silencio y pasea tu mirada por el auditorio.
- Empieza tu exposición con una frase impactante. Si vas a dar una idea nueva, lánzala al principio con una pregunta como: ¿qué dirían si yo les contara...?
- Cuenta una vivencia personal: te relajará, ya que es más fácil hablar de lo que se ha vivido.
- Varía de tono para no aburrir: enfatiza lo importante elevando la intensidad o baja la voz durante algunos segundos para llamar la atención del auditorio.
- Refuerza tus ideas citando testimonios de expertos, artículos de prensa o estadísticas –todo sin exagerar–.
- Apóyate en imágenes, mejoran hasta en un 95% la retención de lo expuesto. Deben usarse siempre al exponer una idea poco conocida o cuando usemos números.
- Si durante tu intervención se te ocurren ideas que no tenías preparadas, utilízalas sin salirte de tu argumentación.
- Al finalizar, siéntate o deja el estrado sin mostrar titubeos.

Revista Quo

c. ¿Coinciden con los consejos de vuestra lista?

- Si no es imprescindible, no bebas agua antes de empezar el discurso ni durante la intervención: beber a menudo es un gesto que denota inseguridad.
- No tomes dulces antes de la conferencia, ya que dificultan la emisión de voz –sustitúyelos por una cucharada de miel, que suavizará tu garganta–, y evita las comidas abundantes, ya que las digestiones pesadas disminuyen mucho la concentración.
- No utilices expresiones negativas como pedir excusas por no estar preparado, no ser buen orador o no tener suficiente tiempo, ni alargues demasiado la introducción sin ir al grano.
- Evita las frases y las palabras largas y demasiado abstractas.
- Intenta vocalizar bien y no 'comerte' las sílabas finales.
- No personalices en exceso la intervención: recuerda que hablar demasiado de uno mismo termina aburriendo al personal.
- No alargues la conclusión final.

Revista Quo

12 Para terminar

a. ¿Has realizado alguna exposición en público? Aquí tienes algunas frases que te pueden ayudar. Relaciona las frases con su uso.

apelar al público   resumir, aclarar lo expuesto   retomar el tema

presentar argumentos   citar una fuente de información

cerrar el discurso   abrir el discurso   contar una anécdota personal

En los próximos diez minutos voy a hablar de...
En los próximos diez minutos voy a demostrarles que...   _____

En una ocasión...
Una vez...
Les voy a contar algo que me ocurrió...   _____

Seguramente que ustedes ya conocen...
Como ustedes seguramente ya saben...
Estoy seguro/-a de que ustedes ya habrán oído hablar de...   _____

En primer lugar..., en segundo lugar...
Para empezar...
Cabe añadir...
Además...

Como iba diciendo...
Como he dicho antes...
Volviendo al tema que nos ocupa.

Según un estudio realizado por...
Como decía Ernesto Otal...

En resumen...
Resumiendo lo que hemos visto...
Así pues, resumiendo...
Es decir,
De esto se deduce que...

(Todo) esto nos lleva a pensar que...
Para concluir...
En conclusión podemos decir que...
Para terminar...
Para finalizar...

b. Haz una exposición en público sobre tu propio idioma. Elige para ello uno de los temas:

- El uso de tú – usted

- Diferencias regionales

- Países en los que se habla tu lengua y sus peculiaridades.

- Otras lenguas habladas en tu país e influencia de esas lenguas sobre la tuya.

Anexo

Lección 1

 Horóscopos

22 de septiembre al 22 de octubre

Libra — Los Libra se pasan la vida buscando la armonía, de ahí que les horroricen las discusiones. Son muy sociables y les gusta rodearse de buena compañía y organizar cenas y fiestas. Son elegantes pero sencillos. Son muy inteligentes, pero tienden a ser indecisos e inconstantes. Todo lo relacionado con el arte les interesa.

23 de octubre al 21 de noviembre

Escorpio — Son apasionados, con mucha fuerza de voluntad y una enorme resistencia psíquica y física. Son misteriosos y tienen un gran mundo interior. No son fáciles de convencer, no hacen caso de los consejos de los demás y tienen una fuerte personalidad.

22 de noviembre al 21 de diciembre

Sagitario — Los nacidos bajo este signo aman los viajes, conocer nuevas culturas, tener aventuras y sentirse libres. Son abiertos, optimistas y muy idealistas. Son personas duales que se mueven entre dos tendencias, una hacia un mundo espiritual y otra hacia el mundo material. Para algunos la vida es una aventura permanente. Otros prefieren quedarse en casa y disfrutar de las comodidades.

22 de diciembre al 19 de enero

Capricornio — Los Capricornio son ambiciosos, responsables y discretos. Tienen un gran sentido del deber. Son muy organizados y necesitan orden a su alrededor. Son además, extremadamente puntuales, ¡cuidado con llegar tarde!

20 de enero al 19 de febrero

Acuario — Son idealistas, amantes de la libertad, entusiastas y muy innovadores, destacan por sus tendencias vanguardistas y por eso pueden resultar un tanto extravagantes. No son nada conservadores, carecen de prejuicios. Son intuitivos e inteligentes. Sus opiniones son muy originales.

19 de febrero al 20 de marzo

Piscis — Es el signo más espiritual. Son personas muy sensibles e imaginativas. Los Piscis suelen ser tímidos y reservados, con cierta tendencia a la melancolía. Les gusta vestir bien y recibir a los amigos. La hospitalidad y la generosidad son rasgos esenciales de su carácter.

Lección 3

8 Golpe de timón

Clara Bueno

A los 17 años empezó a estudiar Derecho, más bien por la educación recibida que por vocación. *"Nunca dije que quería ser bailarina. Era muy joven y con esta edad uno no sabe lo que quiere."* Reconoce haberse dejado llevar un poco por la corriente. Su espíritu viajero la llevó a Inglaterra y después a Ibiza, donde desempeñó durante dos años el cargo de juez. Admira a sus ex-colegas por *"ser gente de gran valía y que asume mucha responsabilidad"*.

"Durante ese tiempo nunca dejé de ser yo misma. Sólo la primera semana fui vestida más formal. Allí me planteé que no quería ser abogado y empecé a estudiar teatro como hobby. Luego conocí la danza oriental y empecé a bailar. Me salió como algo espontáneo. Siempre he bailado pero ahora además, me pagan". *"Ya llevo más de diez años bailando profesionalmente y soy feliz. Aunque a veces tengo dinero y a veces no. Vivimos atrapados por un seguridad que es relativa. Hay que tener un espíritu fuerte para poder asumir los cambios"*.

Para ella el cambio no supuso ningún trauma. Todo lo contrario. *"El trabajo artístico es gratificante y para mí es un placer que la gente vea lo que hago. La valentía siempre va a tener una recompensa. Al principio cuesta mucho, quizá no me atreví antes porque estaba condicionada socialmente, pero uno no debe engañarse a sí mismo. Si disfrutas estás mejor y eres más útil que si estás frustrado y amargado. En armonía, estás a gusto en cualquier sitio"*.

Víctor Carro

De niño no iba a clase y se escapaba a los museos. *"Me quedaba horas delante de Goya y Velázquez hasta que empezaban a dolerme los pies. No podía estudiar Bellas Artes, no lo pregunté nunca en casa porque iba a ser un drama. Opté por las leyes, porque a mis padres les parecía más serio"*.

La trayectoria profesional de Víctor Carro pasa por las oficinas de una sociedad encargada de los quioscos, tiendas de prensa y libros de aeropuertos. Luego fue director por un tiempo del periódico Segunda Mano. *"En los trabajos de oficina estás ocho horas, pero trabajas dos. La gente hace como si trabajara y eso me pone de los nervios. Me aburría y sabía que no era lo mío. Cuando se me acabó el contrato, me dije 'aquí no vuelvo'. Pintaba todos los días, lo hacía a mi manera, sin tomar clases, observaba mucho a mis amigos pintores y también iba casi a diario a los museos. Dos meses después de dejar el trabajo, me presenté en la revista Vogue, que empezaba en España. Me fue bien, económicamente tampoco me puedo quejar"*.

Desde que optó por el cambio dice que no ha tenido una crisis profesional. *"Estoy convencido de que mi camino es éste. Se me da bien, me hace feliz y trato de subir cada vez un poco más. Ya llevo 17 años pintando"*.

Asegura que el cambio no ha sido sólo profesional. *"Mi calidad de vida ha mejorado, sobre todo mi autoestima. No me interesa ni el coche ni la ropa de marca. Me contento con las cosas sencillas, las más imprescindibles. Me gusta restaurar sillas, hacer trabajos manuales"*.

"Lo más importante es que vivo mi vida, la que yo quiero, no la que a los demás les parece bien. Calidad de vida es eso, no estar obligándome a hacer algo que no me gusta".

Lección 3

8 Golpe de timón

--- **María Gómez** ---

María Gómez se casó y se convirtió en madre desde muy joven. Con un hijo y un marido de profesión liberal, necesitaba algún empleo que le reportara ingresos seguros. Le tocó trabajar de telefonista, recepcionista y secretaria. *"Me sentía frustrada porque no era lo que quería hacer"*.

A los 22 años María sufrió un trauma que cambió su vida: experimentó una muerte clínica como consecuencia de una operación de corazón. Ese suceso afectó a su segundo embarazo y para poder tener a su hijo, probó con la medicina alternativa, siguiendo la sugerencia de un abuelo médico.

Fue el detonante. *"Me dije 'esto es lo mío'. Y con 30 años, más o menos, dos hijos y en pleno proceso de separación, empecé a ir a clase de masaje por las tardes"*. Después de cuatro o cinco años de estudios de medicina complementaria, abrió su consulta de terapeuta y masajista. Primero vinieron los amigos. Éstos a su vez se lo contaron a otros amigos. Poco después, ya le costaba encontrar horas libres para poder cumplir con todos sus compromisos laborales. *"En este tipo de trabajo, uno tiene que aprender a organizar su economía de otro modo para poder sobrevivir. Me satisface ver que puedo ayudar a los demás. Mis precios son competitivos porque me parece injusto aprovecharse del sufrimiento de la gente"*.

Le cuesta explicar cómo se las arregla, pero sabe que la clave para poder hacer lo que quiere es una buena organización, la planificación estricta del tiempo y la fuerza de voluntad. *"Durante 23 años había sido mi hobby, pero acepté el reto de hacer algo nuevo. Ahora me divierto, nunca hago una sesión igual a otra. La rutina me mata"*.

Lección 4

10 Cómo preparar una tortilla española

1. Pelar, cortar las patatas y echar sal

2. Cortar y picar la cebolla

3. Poner abundante aceite en la sartén y freír las patatas

4. Añadir la cebolla. Freír todo hasta que esté un poco dorado

5. Batir los huevos en un bol y añadir sal

6. Mezclar las patatas, la cebollas y los huevos en el bol

7. Calentar la sartén y poner un poco de aceite

8. Echar la mezcla de patata, huevo y cebolla a la sartén.

9. Dejar cuajar la tortilla y mover la sartén de vez en cuando

10. Dar la vuelta a la tortilla con la ayuda de un plato

11. Echarla de nuevo en la sartén y dejar que se dore

12. Sacar y servir.

Lección 6

10 Érase una vez...

Pues bien, nuestra historia comienza una mañana invernal en la que Celia se encontraba, como de costumbre, sacando brillo al brillo. Sonó el timbre y ella se apresuró a abrir. Para su sorpresa, no era otro que Paco Pepe, el portero, que dijo en tono de darse importancia:
– Vengo a informar, de parte de su excelencia el alcalde de Jarcovendas, que a todas las solteras de la zona se les concede, gratuitamente, la Tarifa Plana de Telefónica con acceso a Internet con el fin de que su hijo pueda encontrar novia chateando con alguien de la zona, puesto que se niega a casarse con la marquesa de Gerona, ya que es tan cerrado que no quiere conocer a nadie de fuera. La condición para poder tener la conexión a Internet gratis es abrir una cuenta en "hotmail", bajarse el "messenger" y agregarse al "chat" al hijo del alcalde, cuya dirección es: chicobuscachicadelazona@hotmail.com.
Apenas hubo pronunciado estas últimas palabras las dos cincuentonas estallaron en gritos de júbilo. Celia se unió a ellas. Por una vez en la vida compartía sentimientos con sus amas, pero en cuanto éstas se dieron cuenta del entusiasmo de Celia, dijeron:

– No, no, Celia, tú no vas a conectarte a Internet y mucho menos vas a chatear con el hijo del alcalde.
– Pero –se apresuró a añadir Celia– ¿por qué no? Es un regalo del alcalde para todas las solteras, y yo también estoy incluida.
– De todas formas, Celia, ¿no te has parado a pensar que nadie va a querer chatear con una simple sirvienta?

Y rompiendo a reír a carcajadas, las dos hermanas se fueron dejando a Celia muy dolida a solas con Paco Pepe. El portero, viendo a la pobre chica al borde de las lágrimas, le dijo para darle unos pocos ánimos:

– No se preocupe, señorita. Yo sé cómo puede usted chatear con el hijo del alcalde.
– ¿Lo dice en serio? –dijo la sirvienta gimoteando.
– Sí, yo tengo acceso a Internet en el piso de abajo, pero puesto que el alcalde no me ha concedido a mí algo tan estupendo como la Tarifa Plana, el ordenador sólo puede estar conectado a Internet hasta las doce de la noche. A esa hora, la luz se va y hasta el día siguiente nadie puede conectarse.
Celia, rebosante de alegría, no pudo evitar echarse a los brazos de quien, por unos momentos, pareció ser su hada madrina. El resto de la jornada la pasó canturreando por lo bajo, cosa que irritó a Casilda y Eusebia, las cuales, ante tanta emoción, no paraban de darle los trabajos más duros. (...)

Ya eran casi las once de la noche. A lo lejos se podían distinguir los ronquidos de las dos amas y Celia, aprovechando que se encontraban en un profundo sueño, bajó al primer piso para tener un encuentro cibernáutico con el hombre en el que llevaba pensando todo el día. Siguiendo las instrucciones de Paco Pepe pudo abrirse una dirección en hotmail y, al cabo de unos minutos, ya tenía el "messenger" bajado, por tanto, ya podía chatear con el hijo del alcalde. Una vez hubo agregado al hijo del alcalde, cuyo nombre resultó ser Julián, le bailó un gusanillo en el estómago y su cabeza se vio invadida por un mar de dudas. "¿Qué le digo?, ¿la verdad?, ¿le revelo mi identidad?, ¿le digo que soy una criada?", se preguntaba constantemente a sí misma. Pero antes de poder hallar una solución convincente, Julián ya había solicitado una charla privada con ella.

Desde el primer momento en el que empezaron a chatear todas las dudas que tenía sobre qué decirle a Julián desaparecieron, ya que él apenas le hizo preguntas. Ambos empezaron a fabular juntos, a compartir sueños, deseos, anécdotas y a imaginar lugares exóticos que podrían visitar juntos. Y de esta manera fueron pasando los escasos minutos que Celia tenía permitido estar conectada. Sin apenas darse cuenta, el reloj marcó las doce y la conexión a Internet finalizó de manera inmediata. Julián se quedó atónito. Jamás hasta el momento había conocido a una chica con la que pudiera ser él mismo y expresar todos sus sentimientos y deseos… pero lo único que la misteriosa chica le había dejado como pista fue una dirección: cibercenicienta@hotmail.com.

No podía dejarla escapar y antes de que su padre le obligara a casarse con la marquesa de Gerona tenía que encontrarla. Para ello mandaría a sus guardaespaldas por todo Jarcovendas a buscar a la dueña de la dirección de "hotmail". Sus hombres irían casa por casa hasta encontrarla. La prueba estaba simplemente en introducir de manera correcta la contraseña. Quien lo hiciera se casaría con el hijo del alcalde. La noticia corrió por todo el pueblo y los guardaespaldas se pusieron a trabajar día y noche. Sus esfuerzos fueron todos en vano, y cuantas más casas visitaban, más decepcionados salían. Ya en el abismo de la desesperación, llegaron a la última casa, que, casualmente, resultó ser la de Celia. Sonó el timbre. Casilda se negó a abrir, ya que la sorprendían sin el rímel puesto, y Eusebia estaba en el cuarto de baño aplicándose un tinte color canela en el pelo, así que, como siempre, tuvo que ser Celia la que abriera la puerta.
– ¿Sí?
– Como bien sabe, señorita, venimos de parte de su excelencia el alcalde de Jarcovendas. Estamos buscando a la dueña de una dirección de hotmail. Usted solamente tiene que introducir su contraseña en este ordenador portátil. Si es la correcta, se convertirá en la esposa del señorito Julián.
Celia, rebosante de alegría, se disponía a poner su contraseña, pero Casilda, que por no variar había alargado la antena, salió disparada de su escondite, diciendo:
– Ni hablar. Celia no puede ser la que chateara con Julián puesto que los únicos ratones con los que está familiarizada son los que viven con ella en el ático.
Celia enrojeció, pero el mensajero, que ya estaba agotado, no dio muestras de interés a lo que dijo Casilda, y con tono firme y cortante dijo:
– Son órdenes del alcalde – y dirigiéndose a Celia –. Señorita, por favor, introduzca su contraseña.
Y así lo hizo Celia, quien, para sorpresa de todos, resultó ser la chica que todo el pueblo buscaba desde hacía ya una semana. Sin dirigir palabra a sus dos amas abandonó la casa para convertirse en la esposa del hijo del alcalde, dejando a las hermanas con la boca abierta. Nunca se llegó a saber cuál fue la reacción de Julián al conocer a su prometida, pero lo que sí se sabe con certeza es que Casilda y Eusebia vivieron y permanecieron solteras por siempre jamás.

Arbeitsbuch

In diesem Arbeitsbuchteil gibt es zu jeder Lektion Übungen, mit denen Sie den neuen Lernstoff vertiefen können. Hier trainieren Sie Grammatik- und Wortschatzkenntnisse und üben sich in Lese- und Schreibfertigkeit. Die Übungen sind zum großen Teil für das selbständige Arbeit zu Hause konzipiert.

1 Expresar acuerdo y desacuerdo

Clasifica las expresiones según expresen acuerdo, acuerdo parcial o desacuerdo.

> Sí, estoy de acuerdo con eso. Yo estoy de acuerdo. Sin embargo...
> A mí eso me parece una tontería. Sí, es probable.
> Sin duda. Yo no lo creo.
> Bueno, en parte sí, pero... No, qué va.
> No, en absoluto. Pues yo no creo que eso sea verdad.
> Sí, eso es verdad. De ninguna manera. Sí, claro.
> Desde luego. Sí, puede ser, pero... Puede que tengas razón, pero...

acuerdo

acuerdo parcial

desacuerdo

2 Reaccionar

Reacciona a estas afirmaciones y expresa acuerdo o desacuerdo. Elige entre estas expresiones.

> Pues yo sí.
> Pues a mí sí.
> No, qué va.
> Pues yo creo que no.
> Pues yo creo que eso es verdad.
> Pues yo no.

1. Yo no le pondría a mi hijo un nombre extranjero.

_____

2. El nombre influye en la personalidad.

_____

3. El horóscopo no me parece un método fiable para conocer a alguien.

_____

4. El aspecto externo de una persona nos dice cómo es de carácter.

_____

3 Expresar opiniones

Completa con el verbo en la forma correcta.

1. No creo que el nombre (influir) _____ en la personalidad.

2. No es verdad que el carácter no (ser) _____ posible cambiarlo.

3. Creo que el horóscopo (ser) _____ un método fiable para conocer a alguien.

4. No creo que la forma de vestir (revelar) _____ el carácter de una persona.

5. Es verdad que llamarse de una determinada forma (influir) _____ en la personalidad.

4 Diccionario

Relaciona los adjetivos con la definición que les corresponda.

soñador, ra   generoso, sa   sensible   susceptible
tímido, da   extrovertido, da   ambicioso, sa

_____ *adj.* **1** Que tiene sensibilidad, puede percibir sensaciones o siente con mayor o menor intensidad una sensación externa: *Las plantas son seres _____. Unas personas son más _____ que otras al dolor físico.* **2** (ser / estar) Que siente piedad, generosidad o amor por los demás, o es afectivamente muy rico y se impresiona o emociona fácilmente con el sufrimiento o la alegría de los demás, la bondad o la maldad, la belleza o la vulgaridad de las cosas: *Ultimamente estoy muy _____ con el tema de la muerte.* **3** Que es receptivo a ciertos asuntos que desea mejorar o solucionar: *Las sociedades desarrolladas no son _____ problema del medio ambiente.*

_____ *adj.* **1** Que puede ser modificado: *Este trabajo es _____ de mejora.* **2** (ser / estar) Que tiende a ofenderse fácilmente: *No seas tan _____, no se te puede decir nada porque todo te lo tomas a mal.*

_____ *adj.* **1** (ser / estar) Que tiende a dar o a repartir a los demás lo que tiene: *Es muy _____, todo corazón, si tiene un duro lo reparte. Está muy _____ últimamente.* **2** (antepuesto / pospuesto) Que tiende a esforzarse o a sacrificarse por los demás: *Llevas a cabo una _____ labor, te agradecemos tu sacrificio.* **3** (antepuesto / pospuesto) Que es abundante: *Me paga un _____ sueldo, no me puedo quejar. Me gusta ese bar porque siempre te sirven raciones _____.*

_____ *adj. / s. m. y f.* **1** Que tiene o muestra deseo de algo: *Eres una _____, siempre quieres más. Deberías ser más _____, eso no siempre es malo.* **2** (antepuesto / pospuesto) Que pretende objetivos de gran envergadura o difíciles de conseguir: *El Gobierno plantea un _____ programa de reformas. La expedición a Marte es un proyecto _____ pero realizable.*

_____ *adj. / s. m. y f.* Que es amigo de imaginar cosas tal y como querría que fueran: *Es una chica agradable, pero muy _____. Tu padre es un _____.*

_____ *adj.* **1** (ser / estar) Que se siente incómodo hablando en público o relacionándose con gente que no conoce: *Es una chica muy _____ y por eso no habla con nadie.* **2** (preferentemente antepuesto) Que se percibe con poca fuerza o claridad: *En su cara se dibujaba una _____ sonrisa. Las protestas han sido muy _____.*

_____ *adj.* (ser / estar; antepuesto / pospuesto) Que tiende a relacionarse con los demás, y es alegre y comunicativo: *Santiago es una persona muy _____ y ha hecho amigos en muy poco tiempo. Hoy estaba muy _____.*

> **Abreviaturas**
> *adj. / s. m. y f.* adjetivo y sustantivo masculino y femenino
> *adj.* adjetivo

> **Diccionarios monolingües**
> Si no entiendes una palabra, intenta buscar su significado en un diccionario monolingüe. Utiliza un diccionario bilingüe sólo cuando sea absolutamente necesario.

5 Y ahora haz tú una definición de estas palabras.

crítico, ca adj. _____
_____

individualista adj. _____
_____

reflexivo, va adj. _____
_____

serio/-a adj. _____
_____

6 Busca el adjetivo correspondiente.

inconstante   práctico   sociable   reservado
indeciso   discreto   emprendedor

¿Cómo se llama a alguien...
1. que se comporta o actúa de un modo muy realista? _____

2. que vacila mucho cuando debe tomar una decisión? _____

3. que tiene iniciativa para realizar cosas arriesgadas? _____

4. que es amable y disfruta relacionándose con los demás? _____

5. a quien no le gusta llamar la atención? _____

6. que no cuenta cosas de sí mismo y se comporta con cautela? _____

7. que cambia con facilidad su modo de actuar o sus ideas? _____

7 Pronombres relativos

Completa las frases con *que, a quien, con quien*.

1. Una persona tímida es alguien _____ se pone roja como un tomate fácilmente.

2. Una persona seria es alguien _____ no le resulta fácil reír.

3. Una persona comunicativa es alguien _____ es fácil mantener una conversación.

4. Una persona crítica es alguien _____ cuestiona la realidad.

5. Una persona abierta es alguien _____ se puede discutir de muchas cosas.

6. Una persona aventurera es alguien _____ le gusta correr riesgos.

7. Una persona valiente es alguien _____ no le da miedo nada.

8. Una persona cobarde es alguien _____ no tiene valor para enfrentarse a los problemas.

8 ¿Presente o imperfecto de subjuntivo?

Completa las frases.

1. Me gusta que (ellos, regalar) me _____ flores.

2. Me gustaría que me (tú, presentar) _____ a tus amigos.

3. A mí cuando era niña me molestaba mucho que me (llamar) _____ Pepita.

4. Me encantaría que (tú, conocer) _____ a mi hermano.

5. A Carmen no le gustó que (tú, invitar) _____ a su ex novio.

6. A Javier le molesta mucho que (nosotros, hablar) _____ de los horóscopos.

Formula tus propias reglas
Formula tus propias "Reglas gramaticales", te ayudará a entenderlas mejor.

9 Una biografía

Lee la biografía de Pablo Neruda. Escribe 6 preguntas sobre el texto. Tu compañero tendrá que contestarlas.

Pablo Neruda es el seudónimo de Ricardo Neftalí Reyes Basoalto, que nació el 12 de julio de 1904 en Parral, Chile. Hijo de un trabajador ferroviario y de una maestra quedó huérfano de madre un mes después de su nacimiento. Comenzó a escribir poesía siendo muy joven (el seudónimo comenzó a utilizarlo cuando apenas tenía dieciséis años). Sus primeros poemas los publicó en la revista Corre-Vuela de Santiago. Su primer libro, cuyos gastos de publicación sufragó él mismo con la colaboración de amigos, fue *Crepusculario* (1923). Al año siguiente publicó *Veinte poemas de amor y una canción desesperada*, libro que tuvo muchos problemas para ser editado y que produjo un verdadero escándalo social pues el tratamiento del erotismo y la desnudez del cuerpo se veía en la época como una provocación. A pesar de todo, el libro fue un gran éxito y situó a Pablo Neruda como uno de los poetas más destacados de Latinoamérica. Entre las numerosas obras que siguieron destacan *Residencia en la tierra* (1933), libro que retrata la angustia existencial del hombre ante un mundo que se destruye y que se considera su obra maestra junto a *Canto general* (1950), un poema épico-social que retrata a Latinoamérica desde sus orígenes precolombinos.

Neruda tuvo una postura activa en la política chilena, fue cónsul en ciudades de Asia, Latinoamérica y España y ocupó un cargo de senador por las provincias de Tarapacá y Antofagasta. En 1969 fue designado como candidato a presidente de la República por el Partido Comunista chileno, pero tiempo después se retira y deja su lugar a Salvador Allende. Entre 1970 y 1972 fue embajador en Francia. El 21 de octubre de 1971 recibió el Premio Nobel de Literatura. Dos años más tarde, el 11 de septiembre de 1973, el gobierno de Allende cae derrocado por un golpe militar y Neruda muere pocos días después, el 23 de septiembre, en su casa de Santiago de Chile.

1. _____
2. _____
3. _____
4. _____
5. _____
6. _____

10 Diario de clase

¿Qué nombres españoles te gustan más? ¿Crees en los horóscopos? ¿Por qué?
Describe a tu pareja ideal.

1 Parentescos

Busca el intruso. Tacha un parentesco y argumenta tu decisión. Después compara con tus compañeros.

1. nieto – primo – abuelo – hijo
2. madre – hija – sobrina – abuela
3. suegra – nuera – hermana – cuñadas
4. sobrino – tío – hermano – yerno
5. hermanos – abuelos – nieta – padres

Cómo memorizar vocabulario
La forma más eficaz de memorizar vocabulario es aprenderlo de forma sistemática. Ordena las palabras siempre por campos semánticos.

2 Un concurso

En grupos preparad preguntas sobre las relaciones de parentesco. Después preguntad a otro grupo. Tenéis 30 segundos de tiempo para contestar.

Ejemplo: ¿Quién es la madre de mi madre?
            Tu abuela.

3 Expresar hipótesis

Transforma las frases como en el ejemplo.

La señora de la derecha es la madre de Mario.
Tal vez la señora de la derecha sea la madre de Mario.

1. El señor mayor de la foto es el abuelo de Marta.

   Quizás _____

2. La niña de la izquierda es la hermana de Mario.

   Puede que _____

3. El señor del abrigo verde es el tío de Mario.

   A lo mejor _____

4. El chico de las gafas es el novio de Marta.

   Probablemente _____

5. La señora del fondo es la madre de Marta.

   Es probable que _____

4) Antes + imperfecto de indicativo.

Completa las frases.

1. Antes las familias españolas (comer) _____ juntas los domingos. Ahora ocurre menos.
2. Antes los abuelos (pasar) _____ mucho tiempo con sus nietos. Ahora viajan más y tienen menos tiempo para dedicarlo a la familia.
3. Antes las familias (celebrar) _____ las fiestas juntas. Ahora ya no tanto.
4. Antes los padres (tener) _____ poco tiempo para sus hijos. Ahora tienen más.
5. Antes las madres (trabajar) _____ en casa. Ahora también trabajan fuera.
6. Antes las familias (cenar) _____ juntas. Ahora lo hacen menos.

5) Tareas domésticas...

Clasifica los siguientes trabajos domésticos de mayor a menor esfuerzo físico. Numéralos del 1 (menor esfuerzo) al 10 (mayor esfuerzo).

- ❏ planchar
- ❏ tender la ropa
- ❏ pasar el aspirador
- ❏ regar las plantas
- ❏ limpiar los cristales
- ❏ hacer la comida
- ❏ fregar los platos
- ❏ hacer la compra
- ❏ quitar el polvo
- ❏ hacer las camas

6) Escribe

Escribe un pequeño texto comentando los datos de la estadística. En ella se exponen las respuestas de los españoles a la pregunta: **¿Cuál de las siguientes formas de convivencia le parece mejor?** Utiliza para ello las expresiones que ya conoces: *la mayoría de..., la mayor parte de..., mucha/muchos/muchas..., casi nadie /ningún/ninguna..., nadie..., apenas...*

NUEVAS FAMILIAS	%
casarse por la iglesia	50
casarse por lo civil	10
vivir juntos y luego casarse por la iglesia	9
vivir juntos y luego casarse por lo civil	9
vivir juntos sin estar casados	14
no sabe / no contesta	8

Fuente: Estudio CIS (Centro de investigaciones sociológicas) mayo, 1997

7 Imperativos

Completa la tabla.

	hablar		beber		dormir	
Tú	habla		no bebas	duerme		
Usted		no hable	beba			no duerma
Ustedes	hablen		no beban	duerman		

8 Llévale la contraria...

Transforma en lo contrario, como en el ejemplo.

Dale alguna responsabilidad.
No le des responsabilidades.

1. No hagas las tareas de la casa. _____
2. No pongas la televisión. _____
3. Levántate temprano. _____
4. Sal de paseo. _____
5. Córtate el pelo. _____

9 Más consejos...

Completa las frases con el tiempo correcto.

1. Si quieres dormir bien, lo mejor es que no (discutir) _____ con tu pareja por la noche.
2. Si tu novio no se acuerda de tu cumpleaños, entonces (comprar a él) _____ una agenda.
3. Para que tu hijo mayor no (sentir) _____ celos, intenta repartir tu tiempo entre tus dos hijos.
4. Para que tus padres no (enfadarse) _____ contigo, lo mejor es que (recoger) _____ tus cosas.
5. Si no quieres que tu pareja vea la televisión, entonces (regalar a él/ella) _____ un buen libro.

10 El consultorio

Estas personas tienen algunos problemas. Dales un consejo para solucionar sus problemas.

 Mi marido recoge todos los gatos que encuentra por la calle.

 Mi abuela siempre me regala pañuelos de tela.

 Mi padre se pasa el día llamando por teléfono.

 Mi abuelo se pasa el día jugando con mis videojuegos.

 Mi tía flirtea con todos mis novios.

1.
2.
3.
4.
5.

11 Diario de clase

¿Qué tema de los que se han tratado en clase te ha interesado más? ¿Por qué?
¿Cómo crees que serán las familias en el futuro?

1. Profesiones

Relaciona cada profesión con las actividades correspondientes.

① peluquero

② jardinero

③ enfermera

④ abogada

⑤ cartero

⑥ actriz

⑦ carpintero

ⓐ cuidar de los pacientes

ⓑ peinar

ⓒ representar un papel en el escenario

ⓓ cortar el pelo

ⓔ defender a un cliente

ⓕ regar y cuidar las plantas

ⓖ poner inyecciones

ⓗ repartir cartas

ⓘ plantar árboles y flores

ⓙ construir muebles

2. Me gusta, no me gusta...

Completa las frases con tu opinión sobre lo que te gusta y no te gusta de tu trabajo.

1. A mí lo que más me gusta de mi trabajo es _____.

2. A mí me fascina _____.

3. Yo odio _____.

4. No soporto que mi jefe _____.

5. Me molesta que mis compañeros de trabajo _____.

6. Detesto que el horario de trabajo _____.

7. Me encanta que mis compañeros de trabajo _____.

8. Me fastidia que mi trabajo _____.

3. Profesiones

a. Ordena según su importancia (1 lo más importante, 10 lo menos importante).

- ☐ sueldo
- ☐ mucho tiempo libre
- ☐ posibilidades de promoción
- ☐ ascenso
- ☐ horario flexible
- ☐ satisfacción
- ☐ éxito
- ☐ seguridad
- ☐ librar tres días por semana
- ☐ independencia
- ☐ buen ambiente

b. Ahora escribe lo que significa para ti el trabajo. Utiliza las expresiones.

> En primer lugar para mí está / lo más importante para mí es...,
> seguido de...
> También le doy mucha importancia a...
> ... no es tan importante.
> ... no tiene para mí ninguna importancia.

4. Una carta

Rocío Faroles, secretaria de "Trabajotodoeldía", está harta de su trabajo y ha decidido comunicarle a su jefe por escrito su decisión de marcharse si no cambian algunas condiciones. ¿Qué crees que escribió Rocío Faroles? Completa la nota.

El sueldo es bastante bajo.
Mi jefe es muy autoritario y siempre está de mal humor.
Todas las mañanas tengo que hacerle un café.
No me pagan las horas extras.
No hay ninguna posibilidad de promoción.

Estimado Sr. Yolosetodo:

Después de reflexionar largamente sobre mis actuales condiciones de trabajo, me veo en la obligación de comunicarle mi decisión de marcharme, si no acepta las siguientes condiciones:

1. *En primer lugar es imprescindible que* _____
2. *Además es necesario que* _____
3. *También es importante que* _____
4. *Y tendría que* _____
5. *Por supuesto también sería indispensable que* _____
_____

Agradeciéndole de antemano su positiva respuesta, le saluda atentamente,

Rocío Faroles
Secretaria de dirección

5 Formas del imperfecto y del pluscuamperfecto de subjuntivo

Completa la tabla.

indefinido	imperfecto de subjuntivo	pluscuamperfecto de subjuntivo
yo tuve	*yo tuviera*	*yo hubiera tenido*
tú hiciste		
él vino		
nosotras pudimos		
vosotros pusisteis		
ellos fueron		

6 No hay mal que por bien no venga...

a. Completa las frases utilizando el pluscuamperfecto de subjuntivo y el condicional perfecto.

Si un día hace un año no me (quedarse) _____ dormida, no (tomar) _____ el autobús de las 9 y media. Si no (tomar) _____ el autobús de las 9 y media, no (encontrarse) _____ a Celia. Si no (encontrarse) _____ a Celia, no (pasarse) _____ de parada. Si no (pasarse) _____ de parada, no (bajarse) _____ en la parada siguiente. Si no (bajarse) _____ en la parada siguiente, no (pisar) _____ una cáscara de plátano. Si no (pisar) _____ una cáscara de plátano, no (caerse) _____. Si no (caerse) _____, no (torcerse) _____ el tobillo. Si no (torcerse) _____ el tobillo, no (encontrarse) _____ una agenda. Si no (encontrarse) _____ esta agenda, no (conocer) _____ a su dueña. Si no (conocer) _____ a su dueña, no (enamorarse) _____ enamorado.

b. Y ahora tú. Inventa una historia.

7 Esto no habría pasado si...

Forma frases como en el ejemplo.

1. Ayer me hice daño en un pie. (estar bailando hasta las 2 de la mañana)

Si no hubieras estado bailando hasta las 2 de la mañana, no te habrías hecho daño.

2. Ayer me dejé las llaves en casa. (cambiar de bolso)

_____

3. Ayer me mojé. (llevar paraguas)

_____

4. Ayer llegué tarde al cine. (estar hablando mucho tiempo por teléfono)

_____

5. Ayer no pude encontrar mi coche. (estar atento al aparcar el coche)

_____

8 El trabajo ideal

¿Cómo sería un día de trabajo ideal? Descríbelo.

Por ejemplo: *Comenzaría a trabajar a las 11 de la mañana. En invierno iría al trabajo en taxi y en verano en bicicleta. Mi jefa estaría siempre de buen humor y me subiría el sueldo. Mi oficina...*

El horario: _____

_____

El jefe / la jefa: _____

_____

El lugar de trabajo: _____

_____

Los compañeros: _____

_____

9 Si me tocara la lotería...

Forma frases utilizando el imperfecto de subjuntivo, como en el ejemplo.

tocar la lotería
Si me tocara la lotería, haría un viaje a la Luna.
heredar una fábrica de cemento
_____

tener un año de vacaciones
_____

regalar una jirafa
_____

presentar a Antonio Banderas / a Penélope Cruz
_____

ser invisible
_____

poder hacer un viaje al pasado
_____

10 Un juego: ¿Qué harías si...?

Escribe en un papel dos preguntas que empiecen con la frase: ¿Qué harías si...?.
Por ejemplo: *¿Qué harías si te encontraras un cheque por valor de 200.000 euros?*
Tu profesor recogerá los papeles y los volverá a repartir. Ahora alguien de la clase comenzará haciendo una pregunta a un compañero. La persona que contesta, hace después otra pregunta a alguien y así sucesivamente.

11 Mario Benedetti

Un periódico te ha pedido que escribas un pequeño texto sobre Mario Benedetti. Lee su biografía y escoge los 10 datos que te parezcan más importantes para este fin.

La apasionante vida de Mario Benedetti.

_____
_____
_____
_____

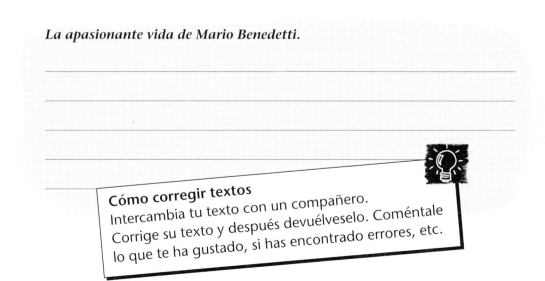

Cómo corregir textos
Intercambia tu texto con un compañero. Corrige su texto y después devuélveselo. Coméntale lo que te ha gustado, si has encontrado errores, etc.

Datos biográficos

1920:	Nacimiento en Paso de los Toros, Departamento de Tacuarembó (Uruguay), el 14 de septiembre.
1928:	Estudios primarios en el Colegio Alemán de Montevideo.
1935:	Estudios secundarios. Desde los catorce años vendedor y cajero en la «Will L. Smith, S.A., repuestos para automóviles».
1938-41:	Residencia en Buenos Aires. Taquígrafo en una editorial.
1944:	Primer libro de poemas *La víspera indeleble*.
1946:	Boda con Luz López Alegre.
1945-51:	Periodista en varios periódicos y revistas.
1953:	Publica su primera novela, *Quién de nosotros*.
1956:	Publica *Poemas de la Oficina*.
1957:	Viaje a Europa. Visita de nueve países, como corresponsal de "Marcha" y "El Diario".
1959:	Publicación de su volumen de cuentos *Montevideanos*, pieza clave en la concepción urbana de su literatura narrativa.
1960:	Publicación de *La tregua*, su novela más traducida.
1966:	Viaje a La Habana y a París, donde reside durante un año.
1968:	Publicación del libro de cuentos «*La muerte y otras sorpresas*». Fundador y director del Centro de Investigaciones Literarias de Casa de las Américas en La Habana.
1971:	Vuelta a Montevideo. Participación en la vida política de la ciudad. Director del Departamento de Literatura Hispanoamericana en la Facultad de Humanidades y Ciencias de la Universidad de Montevideo.
1973:	Exilio en Buenos Aires por razones políticas.
1975:	Nuevo exilio en Perú tras ser amenazado de muerte por la Triple A (Alianza Anticomunista Argentina).
1976:	Vuelta a Cuba como exiliado.
1980:	Traslado a Palma de Mallorca.
1983:	Traslado a Madrid.
1985:	Vuelta a Uruguay. A partir de este momento residencia en Montevideo y en Madrid.

12 Diario de clase

Escribe sobre tu trabajo, lo que te gusta y lo que no te gusta.
¿A qué te gustaría dedicarte o a qué te habría gustado dedicarte?
¿Qué tipo de trabajo no harías nunca? ¿Por qué?
¿Qué profesiones piensas que son vocacionales? ¿Y cuáles no?

1 Clasificando

Clasifica los alimentos en los siguientes grupos. Añade a la lista otros alimentos que conozcas.

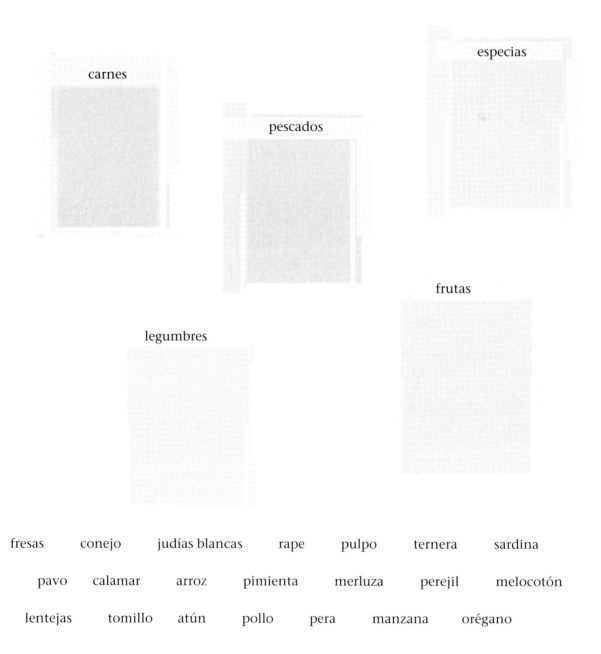

fresas   conejo   judías blancas   rape   pulpo   ternera   sardina

pavo   calamar   arroz   pimienta   merluza   perejil   melocotón

lentejas   tomillo   atún   pollo   pera   manzana   orégano

2 Un juego

Forma un grupo con otros dos compañeros. Escribiréis palabras sobre el tema "comidas y bebidas". Vuestro profesor os dirá la letra con la que empezarán la palabras. En un minuto tendréis que escribir palabras que empiecen con esa letra. El grupo con más palabras recibirá un punto. Y así sucesivamente...

3 Más recetas

¿Sabes hacer una tortilla de maíz? ¿Y los tacos de ternera? Completa estas recetas mexicanas con el tiempo verbal en la forma correcta y con las siguientes expresiones:

para que	cuando	en cuanto	hasta
una vez que	antes de que	hasta que	

Tortillas de maíz

Ingredientes
Harina de maíz para tortillas
Harina de trigo para espolvorear
Agua

Preparación
1. En un cuenco grande se mezclan todos los ingredientes, echando el agua poco a poco _____ tener una masa tierna.
2. Después se hacen 24 bolitas con la masa del tamaño de un limón pequeño y se extienden con el rodillo sobre una superficie enharinada o untada con aceite, _____ no se peguen, hasta que (estar) _____ bien finas.
3. A continuación se unta la sartén con un poco de aceite.
4. Tan pronto como la sartén (estar) _____ bien caliente, se pone la tortilla.
5. _____ los bordes estén bien secos, se da la vuelta y se deja cocinar _____ comience a esponjar.
6. _____ esté hecha la tortilla se saca de la sartén y se envuelve en un paño.

Tacos de ternera

Ingredientes
aceite
ají molido
salsa picante para tacos
salsa de chile
tortillas de maíz
tomate grande y picado
queso chedar rallado
carne de ternera picada

Preparación
1. En una sartén se calienta el aceite a medio fuego y se rehoga la cebolla durante 3 min. _____ se dore. En ese momento se agrega la carne picada y se fríe durante otros 3 min.

2. _____ la carne esté cocida, se añade el ají molido, el orégano, la salsa picante para tacos, el agua y la salsa de chile. Continúe cociendo, a fuego medio, sin dejar de revolver con la cuchara de madera, hasta que la preparación (espesarse) _____.

3. Al final se pone un poco de la mezcla en la base de cada tortita, que debe estar caliente y se añade la lechuga, el tomate y el queso rallado.

4 Un poco de improvisación...

Acabas de recibir una llamada de teléfono en la que tres amigos te recuerdan que hoy les habías invitado a cenar. Son las 7 de la tarde y tienes que preparar la cena. Al abrir la nevera te das cuenta de que prácticamente está vacía... Para preparar el plato sólo dispones de estos ingredientes. Inventa una receta.

Ingredientes
- 3 huevos
- cebollas
- ajos
- 2 pimientos rojos
- un pollo
- aceite
- aceitunas
- una botella de vino blanco

5 El museo de los utensilios de cocina

Escribe el nombre de los utensilios de cocina.

6 Definiciones

Relaciona las definiciones del diccionario con las palabras.

amasar   espolvorear   empanar   hervir   rehogar   asar   rallar   dorar   batir

_____ Asar o freír un alimento hasta que tome un color dorado.

_____ Calentar un líquido hasta que llega a la ebullición.

_____ Esparcir una sustancia en forma de polvo sobre un alimento.

_____ Remover un alimento para mezclarlo o convertirlo en líquido.

_____ Deshacer un alimento en trozos muy pequeños.

_____ Cocinar un alimento en el horno, parrilla o asador.

_____ Trabajar una masa con las manos.

_____ Freír un alimento ligera y lentamente en aceite o mantequilla.

_____ Pasar por harina, huevo batido y pan rallado un alimento.

7 Diario de clase

¿Qué comidas te gustan? ¿Cuáles no?
¿Te gustaban antes las mismas cosas que ahora? ¿Cómo han cambiado tus gustos?
¿Cuál es tu plato preferido? ¿Cómo se hace?

1 Lugares para comprar de la A a la Z

¿Qué puedes comprar en estas tiendas?

anticuario _____

bodega _____

droguería _____

estanco _____

floristería _____

joyería _____

librería _____

marroquinería _____

papelería _____

óptica _____

quiosco _____

tiendas de segunda mano _____

ultramarinos _____

zapatería _____

2 Mercadillos

a. Lee el texto sobre el Rastro de Madrid de la página siguiente y después completa la tabla.

¿Cuándo?	
¿Dónde?	
¿Qué grupos de gente van al Rastro?	
¿Qué se vende?	
Recomendaciones de la guía	

b. Busca en el texto las palabras o expresiones para decir o nombrar estas cosas.

personas que se levantan muy temprano

cosas que se consiguen a muy buen precio

venta de objetos antiguos a bajo precio

hay mucha gente o muchas cosas

hay muchos coches que obstaculizan la circulación

El Rastro de Madrid

Es casi uno de los símbolos emblemáticos de la ciudad, aunque ha tenido tiempos mejores. Cuando los puestos eran de artesanos o "anticuarios", que deshacían su propia casa y la ponían a la venta. Hoy sigue habiendo algunos, pero ya hay mucho comercio.

Los domingos, a primeras horas de la mañana, comienza la llegada de los comerciantes que instalan sus puestos. La policía controla que todos estén regulados, y por supuesto paguen su impuesto al Ayuntamiento. Sobre las 9.00 o las 10.00 llegan los más madrugadores, los que buscan las gangas u objetos determinados, como quizás algo que les hayan robado y tengan la esperanza de encontrarlo. O simplemente los que les gusta el Rastro más tranquilo, sin los ríos de gente que llegan a partir de las 12.00.

El Rastro se dispersa por unas cuantas calles alrededor de la Ribera de Curtidores, y que llegan hasta la Ronda de Toledo. Diferentes cosas se reparten por diferentes zonas: La calle Ribera de Curtidores es principalmente de puestos de artesanía, vaqueros, ropa nueva, hecha a mano, etc. La Plaza del General Vara del Rey, tiene mucho de ropa de segunda mano, cazadoras de cuero, Levi's usados, o chaquetas de pana de las de la época socialista. También hay algunos puestos interesantes de muebles y otras cosas de almoneda. Más antigüedades por la calle Rodas y en las Galerías Piquer, en Ribera de Curtidores. En Carlos Arniches y Mira el Río Baja, discos, ropa de segunda mano en Marmota y objetos imposibles en el Transformista. En la esplanada del Campillo, herramientas, telas y pieles al metro o por piezas, discos, y revistas. Un poco de todo. Los puestos se alargan hasta casi llegar a la Glorieta de Embajadores. No recomendamos el autobús un domingo de Rastro por ir hasta los topes y siempre pillar atasco en esta zona. Pero de cualquier forma, sí recomendamos la visita a este mercado, teniendo cuidado con las mochilas o bolsos para evitar disgustos, y parando a tomar unas cañas en cualquiera de los muchos bares que encontraréis.

Describiendo El Rastro de Madrid

Une las dos frases utilizando uno de los dos conectores entre paréntesis.

1. Hoy ya hay mucho comercio. Antes el Rastro era un mercado artesanal.
   (a pesar de eso - pero) _____
2. Los clientes que buscan gangas llegan sobre las 9.00 de la mañana. Los que no buscan nada concreto llegan a partir de las 12.00.
   (en cambio - aún así) _____
3. En la Ribera de Curtidores se puede comprar ropa nueva. En la Plaza del General Vara del Rey se puede comprar ropa de segunda mano.
   (mientras que – pero) _____
4. Al Rastro se puede ir en el autobús "circular". Es preferible ir en metro y luego a pie.
   (a pesar de eso – sin embargo) _____
5. En el Rastro hay policías. Es recomendable tener cuidado con las mochilas o bolsos.
   (en cambio – aún así) _____

4 Diferentes puntos de vista

Completa las frases.

1. Los grandes almacenes ofrecen mayor variedad. Sin embargo, _____
_____

2. Las tiendas pequeñas son algo más caras. A pesar de todo _____
_____

3. Los mercadillos ambulantes ofrecen artículos de segunda mano muy baratos, pero aún así
_____

4. En Internet se puede comprar de todo, pero _____
_____

5. Las tiendas de barrio dan carácter a los barrios de las ciudades, mientras que _____
_____

5 El mercado de los objetos sin nombre

Relaciona los dibujos con su definición.

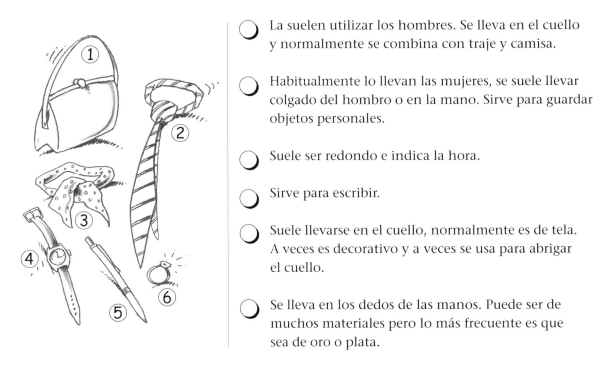

○ La suelen utilizar los hombres. Se lleva en el cuello y normalmente se combina con traje y camisa.

○ Habitualmente lo llevan las mujeres, se suele llevar colgado del hombro o en la mano. Sirve para guardar objetos personales.

○ Suele ser redondo e indica la hora.

○ Sirve para escribir.

○ Suele llevarse en el cuello, normalmente es de tela. A veces es decorativo y a veces se usa para abrigar el cuello.

○ Se lleva en los dedos de las manos. Puede ser de muchos materiales pero lo más frecuente es que sea de oro o plata.

6 Es una cosa que...

Haz una definición de cada objeto. Estas palabras te pueden ayudar.

colgar   dar aire   tocar   poner   llorar   cubrir

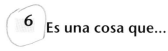

○ _____

○ _____

○ _____

○ _____

○ _____

○ _____

7 El diario de clase

¿Dónde te gusta comprar? ¿En tiendas grandes o en pequeñas? ¿Por qué?
¿Cómo se celebra en tu país el Día del Padre o de la Madre? ¿Te gustan estas celebraciones?
¿Existe algún día que te gustaría celebrar? ¿Cómo?
¿Compras objetos usados? ¿Por qué?

Cómo aprender vocabulario
A menudo encontrarás en un texto muchas palabras que se refieren a un tema determinado. Aprovecha la oportunidad para aprender palabras nuevas. Marca en el texto todas las palabras que se refieren a un tema y haz tu propio mapa mental.

comprar

1 Positivo y negativo

Agrupa las palabras según tengan para ti un significado negativo o positivo.

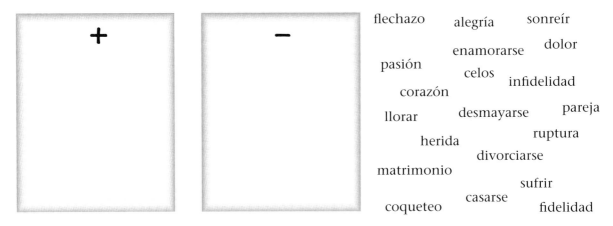

2 Flirteando con abanicos

a. ¿Sabes para qué sirve un abanico? ¿Qué se utiliza en tu país en esa situación? ¿Se te ocurren otros posibles usos?

b. ¿Tienes un abanico en casa? Éste es el momento de usarlo aunque no haga calor. Elige uno de los movimientos de la lista y tus compañeros deberán adivinar qué mensaje de amor les quieres transmitir.

El abanico se puso de moda en el siglo XVI. Este peculiar y hasta entonces desconocido complemento dio lugar a una especie de código secreto en el que era la herramienta perfecta para expresar mensajes de amor de forma sutil y educada.

Algunos movimientos del abanico y su significado

Abanicarse despacio.	Estoy casada o prometida.
Abanicarse rápido.	Estoy soltera.
Abrir y cerrar el abanico.	Bésame.
Apoyar el abanico sobre la mejilla derecha.	Sí.
Apoyar el abanico sobre la mejilla izquierda.	No.
Apoyar el abanico por una extremo sobre el corazón.	Te amo y sufro.
Cubrirse del sol con el abanico.	No me atraes.
Mirar las pinturas del abanico.	Me gustas mucho.
Dar un golpe sobre un objeto.	Estoy impaciente.
Cerrar el abanico precipitadamente.	Estoy celosa.
Cubrirse la cara con el abanico medio abierto.	Ten cuidado. Nos espían.
Pasar el abanico por los ojos.	Lo siento.
Llevar el abanico en la mano izquierda.	Quiero conocerte.

"Corazón de tinta."
Cornelia Funcke.

3 Descripción física

a. Éste es un fragmento del cuento "Cartas de amor traicionado" de la escritora chilena Isabel Allende. En este cuento la protagonista, Analía Torres, internada en un convento, mantiene durante dos años correspondencia con Luis Torres, un primo al que no ha visto nunca y con quien su padre la pretende casar. Al cumplir Analía dieciocho años, Luis Torres va al convento a conocerla. Lee el fragmento y anota:

¿Cómo imaginaba Analía a Luis Torres antes de conocerlo?	¿Cómo era en realidad Luis Torres?

> Estaba segura de que debía ser un hombre feo, tal vez enfermo o contrahecho, porque le parecía imposible que a una sensibilidad tan profunda y una inteligencia tan precisa se sumara un aspecto atrayente. Trataba de dibujar en su mente una imagen del primo: rechoncho como su padre con la cara picada de viruelas, cojo y medio calvo; pero mientras más defectos le agregaba más se inclinaba a amarlo. El brillo del espíritu era lo único importante, lo único que resistiría el paso del tiempo sin deteriorarse en motivo de frivolidad, concluía la muchacha, aunque no podía evitar una sombra de inquietud en su razonamiento. Se preguntaba cuánta deformidad sería capaz de tolerar. (…)
>
> (…) Cuando entró en la sala y estuvo frente a él necesitó varios minutos para vencer la desilusión. Luis Torres no era el enano retorcido que ella había construido en sueños y había aprendido a amar. Era un hombre bien plantado, con un rostro simpático de rasgos regulares, la boca todavía infantil, una barba oscura y bien cuidada, ojos claros de pestañas largas, pero vacíos de expresión. Se parecía un poco a los santos de la capilla, demasiado bonito y un poco bobalicón. Analía se repuso del impacto y decidió que si había aceptado en su corazón a un jorobado, con mayor razón podía querer a este joven elegante que la besaba en una mejilla dejándole un rastro de lavanda en la nariz.
>
> *(Isabel Allende "Cartas de amor traicionado" en Cuentos de Eva Luna)*

b. ¿Recuerdas cómo describe Don Quijote a Dulcinea en la actividad número 7 del Libro del alumno? ¿Qué diferencias encuentras entre la percepción de los dos enamorados Don Quijote y Analía respecto a sus enamorados?

4 Retrato

Busca adjetivos para cada sustantivo.

cabello _____

frente _____

cejas _____

ojos _____

mejillas _____

labios _____

dientes _____

cuello _____

pestañas _____

barbilla _____

nariz _____

5 Un juego

a. Lee el siguiente argumento de una película. ¿Sabrías decir a qué película corresponde? En el argumento hay una información que no corresponde a la verdadera versión de la película ¿Cuál es?

Es un chico y una chica joven de diferente clase social. Ella es rica y él es bastante pobre. Cuando se ven por primera vez se atraen mutuamente y se enamoran, vamos, un flechazo. El encuentro tiene lugar en un barco de lujo. Después de pasar por muchos obstáculos logran estar juntos, pero la suerte no les sonríe y aunque su amor es capaz de vencer cualquier dificultad, tras el hundimiento del barco en el que navegan, ella muere congelada en las aguas del océano. O sea, una tragedia. Aunque se aman, acaba siendo un amor imposible.

b. Junto a un compañero piensa en una película o novela famosa cuyo argumento sea una historia de amor. Explica el argumento al resto del grupo. ¡Recuerda introducir una información errónea! Tus compañeros deberán descubrir "el gazapo" y adivinar de qué película o novela se trata.

6 ¿La primera Cenicienta?

Se dice que la primera versión de la Cenicienta apareció en Egipto. Si quieres conocer la historia, pon en orden los fragmentos.

○ El faraón recogió la prenda y se dijo: ¿A quién pertenecerá esta pequeña sandalia? Y por primera vez en su vida, el faraón sintió cómo el amor entraba en su corazón y en aquel mismo instante se enamoró perdidamente de la desconocida poseedora de la sandalia, y como era el soberano de Egipto, mandó decir por todo su reino que sólo se casaría con la joven en cuyo pie se ajustase perfectamente aquella sandalia. Al instante salieron mensajeros en dirección a los cuatro puntos cardinales, y al día siguiente empezaron a llegar al palacio real centenares de bellas jóvenes que iban a probarse la sandalia, pero... en ningún pie se ajustaba. A

○ Y la joven respondió: ¡Cómo podía ser, mi señor, si yo soy tan pobre que sólo tenía un par de sandalias, y un día mientras me bañaba en el Nilo, algún ladrón me robó una de ellas y no iba a ir al palacio del faraón del Alto y Bajo Egipto, calzada de un pie y descalza del otro. Y así la bella pescadora sacó de su delantal una pequeñísima sandalia, hermana gemela de aquella que Horus, el halcón, había llevado al soberano... B

○ Érase una vez un faraón joven, hermoso y valiente que poseía grandes riquezas pero ninguna esposa que le diera un heredero. Sus consejeros le habían querido unir con princesas reales, pero el faraón rechazaba siempre sus propuestas. Los años transcurrían y el faraón continuaba inmerso en sus guerras y conquistas y el reino del Alto y Bajo Egipto seguía sin tener heredero. De tal manera la situación parecía no tener remedio, que incluso los dioses empezaron a preocuparse. Isis, la diosa Madre, fue a visitar a su marido Osiris y le manifestó su preocupación. C

○ Entonces el halcón le condujo hasta el Nilo, allí se posó sobre una barca y el faraón se subió y empezó a remar hasta que alcanzó la otra orilla. El faraón, se quedó desorientado y aún más cuando se abrió la puerta de una choza y salió una bellísima joven que caminaba descalza. Entonces el faraón dijo: ¿Quién eres, hermosa entre las hermosas? Pues no te conozco, ya que tú no viniste a mi palacio a probarte la sandalia... D

○ Osiris meditó sobre el problema y ordenó a su hijo Horus que volara a las tierras de Egipto y buscara una solución al problema. Horus se transformó en halcón y voló hacia las riberas del río Nilo, porque el Nilo es la vida en Egipto y Horus sabía que allí iba a encontrar la solución al problema planteado. El faraón, mientras tanto, contemplaba desde la terraza de su palacio la puesta de sol, cuando de pronto, un rayo descendió del cielo y un hermosísimo halcón se posó en su mano. El faraón, maravillado, quedó todavía más sorprendido al comprobar que el ave llevaba una diminuta sandalia de mujer, que dejó caer a sus pies. E

○ El faraón estaba desesperado porque su amada no aparecía. Se puso enfermo. No quería comer, ni beber, no dormía, había olvidado las batallas, sólo deseaba morir... La diosa Isis, muy preocupada, fue a visitar de nuevo a su esposo Osiris y le contó lo que sucedía. Osiris, llamó de nuevo a su hijo y enfadado le envió al palacio del faraón en cuyo dormitorio entró. Al verle, el joven monarca pareció revivir y ante el asombro de la corte, le preguntó al halcón: Tú me trajiste la sandalia, dime, ¿dónde está ella? F

○ Y colorín colorado, este cuento se ha acabado. G

7 Una historia de amor... de la historia

Elige el tiempo adecuado de esta biografía sobre la reina española Juana la Loca.

Juana, hija de Isabel de Castilla y Fernando de Aragón, nació el 6 de noviembre de 1479 en Toledo. Le **pusieron/ponían** el nombre de la madre del rey católico Fernando, Juana Enríquez, a quien **se pareció/se parecía** tanto que, en broma, su madre, la reina Isabel la llamaba "suegra" y el rey Fernando "madre".

Doña Juana **recibió/recibía** una educación muy exigente, a los 15 años **leyó/leía** y **habló/hablaba** en francés y latín. Desde pequeña **mostró/mostraba** un carácter extremo y apasionado. Educada de forma muy religiosa, **llegó/llegaba** a expresar deseos de hacerse monja. Sin embargo, sus padres **tuvieron/tenían** otros planes para ella.

A los 16 años sus padres la **embarcaron/embarcaban** hacia Flandes donde **concertaron/habían concertado** su boda con Felipe el Hermoso. La boda **se celebró/se celebraba** en Lille el 21 de agosto de 1496, y de forma prematura, ya que ambos **sintieron/sentían** una mutua atracción nada más verse.

Flandes **sorprendió/sorprendía** gratamente a Juana, ya que la corte flamenca **fue/era** mucho más permisiva y alegre que la española. Allí **vivió/vivía** un tiempo muy feliz sin grandes preocupaciones ya que no **estuvo/estaba** destinada a ser reina. Pero tras la muerte de su madre y sus hermanos mayores Juana se convierte de la noche a la mañana en reina de Castilla y heredera del reino de Aragón. Para entonces ya su relación con Felipe el Hermoso **se volvió/se había vuelto** muy problemática ya que él **fue/era** muy infiel. Pronto **aparecieron/aparecían** los celos y los enfrentamientos entre los esposos y con ello los ataques de "locura" de doña Juana. En los primeros días de septiembre de 1507 don Felipe murió en circunstancias poco claras. Algunos piensan que **sufrió/sufría** un corte de digestión tras beber un vaso de agua fría, otros piensan que lo **envenenaron/envenenaban**. Lo cierto es que a los pocos días murió. Durante semanas Juana de Castilla **caminó/caminaba** detrás del féretro de Felipe el Hermoso hasta llegar a Granada donde fue enterrado. A partir de este momento las noticias sobre la locura de la reina aumentaron hasta que la encerraron en Tordesillas.

8 Una visita a la pitonisa

Pon diálogos al cómic.

9 Diario de clase

¿Cuántas veces te has enamorado? ¿Cómo era tu pareja?
¿Crees en los flechazos? ¿O piensas que el amor es algo más racional?
¿Piensas que hay diferencias entre el hombre y la mujer frente al amor? ¿Cuáles?
¿Cuál es tu cuento favorito? Escribe una versión en español.

1 Vocabulario

Clasifica las palabras.

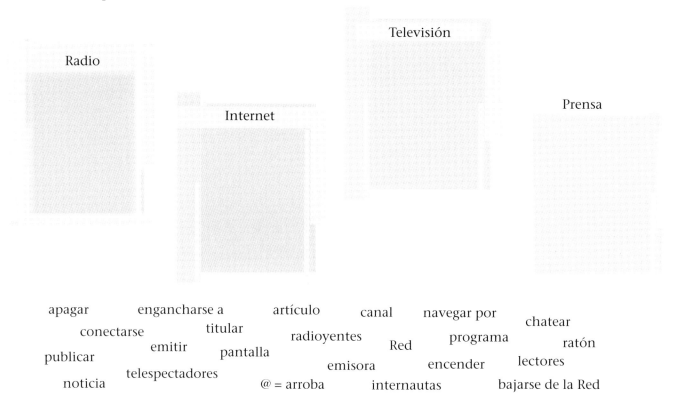

apagar   engancharse a   artículo   canal   navegar por   chatear
conectarse   titular   radioyentes   programa
emitir   pantalla   Red   ratón
publicar   emisora   encender   lectores
noticia   telespectadores   @ = arroba   internautas   bajarse de la Red

2 Una estadística

Lee este texto sobre el uso de Internet en España, después completa los datos de la estadística.

La inseguridad es el principal obstáculo del comercio por Internet
Los libros, entre lo más comprado en España

Comprar por Internet es un fenómeno en relativo apogeo. Según la encuesta Navegantes en la Red, de la asociación para la Investigación de Medios de Comunicación (AIMC), de los 32.000 internautas españoles encuestados, un 27% adquirió algún producto por la Red, frente a un 19% del año anterior. En primer lugar se sitúan los programas de ordenador, que alcanzan un 28,7% de las ventas, seguido de los libros y revistas con un 21%, los materiales para ordenador con un 17,8% y los productos que genera la industria musical que alcanzan un 14,7% de las ventas. En quinta posición se encuentran productos cinematográficos – vídeos, películas, etc – que ascienden a un total de 4,9%. Los últimos lugares los ocupan la ropa con un 1,0% y las transacciones comerciales que sólo suponen un 0,6% del comercio por Internet.

Compras en Internet en España	
Software	28,7%
Cine	
Informática	
Música	14,7%
Publicaciones	
Inversiones	
Automóvil	0,8%
Ropa	
Otros	8,7%

3 Ojeando el periódico

a. Lee los titulares y anota a qué sección pertenece cada uno.

1. Internacional
2. España (nacional)
3. Sociedad
4. Cultura
5. Deportes
6. Economía

ⓐ **Diez mil ganaderos europeos <u>exigen</u> más ayudas para paliar la crisis de las "vacas locas".** _____

ⓑ **Las ganancias de Bayer <u>bajan</u> un 20%.** _____

ⓒ **Los futbolistas argentinos deciden <u>seguir</u> en huelga.** _____

ⓓ **EL CONSUMO MODERADO DE CAVA <u>RESULTA</u> SALUDABLE, ASEGURA UN ESTUDIO.** _____

ⓔ **Caos en el aeropuerto de Fuerteventura <u>debido a</u> una huelga.** _____

ⓕ **La obra de teatro Pentesilea <u>obtuvo</u> un gran éxito de público en el Festival de Teatro de Mérida.** _____

b. Sustituye las palabras subrayadas por una de las siguientes.

continuar   es   a causa de   tuvo   disminuyen   piden

4 La voz pasiva

Completa la tabla.

	Presente	Perfecto	Indefinido
yo		he sido operado/-a	
tú	eres operado/-a		
él/ella/usted			fue operado/-a
nosotros/-as	somos operados/-as		
vosotros/-as		habéis sido operados/-as	
ellos/-as/ustedes			fueron operados/-as

5 De activa a pasiva

Transforma estas frases del periódico a la voz pasiva.

Ayer operaron a Figo de la fractura de nariz que se produjo
durante el partido del Madrid con el Galatasaray.

_____

Ayer por la tarde la policía detuvo a cuatro
adolescentes que intentaban pagar con billetes falsificados.

_____

Los efectivos antidisturbios detuvieron a 17 personas, 14 de ellas de
nacionalidad española, dos argentinos y un alemán.

_____

La Audiencia de Vizcaya ha condenado a una tintorería a pagar a una clienta
un total de 1.000 euros por el deterioro de dos prendas de piel.

_____

6 De pasiva a activa

Transforma estas frases del periódico a la voz activa.

a. Una escuela del Pirineo aragonés ha sido cerrada a causa de la falta de niños.

_____

b. 17 Okupas fueron desalojados por la policía en la madrugada del lunes.

_____

c. Una familia es atendida a causa de una intoxicación por los médicos del centro sanitario de Calafell.

_____

d. Un libro fue prestado en septiembre de 1948 por la Biblioteca de Carbone y ha sido devuelto este año por el hijo del lector.

_____

7 Un juego

Busca o inventa un titular de prensa que te parezca interesante o sorprendente y escribe una breve noticia que lo acompañe. Después tú y tus compañeros le daréis vuestros titulares a vuestro profesor para que los escriba en la pizarra. Lee tu noticia, tus compañeros tendrán que adivinar el titular correspondiente.

8 Una entrevista

Imagina que te han pedido que escribas un reportaje sobre "Famosos ladrones de arte". Escribe un capítulo dedicado a "Erik el Belga". Redacta un pequeño texto a partir de esta entrevista.

ENTREVISTA / ERIK EL BELGA
"Todos los grandes ladrones de arte han hecho mucho bien"

Erik el Belga es el ex ladrón de arte más famoso de España y Europa y uno de los "top" en la lista internacional de expoliadores. Desde su refugio en Málaga, donde pinta tablas religiosas con una maestría increíble, y asesora a coleccionistas y museos, cuenta retazos de su vida "en activo". *Por Elena Pita*

P. René Alphonse van der Berghe (Nuiville, Bélgica, 1950), ¿cómo he de llamarle?
r. Erik.
P. Siempre pensé que se trataba sólo de un nombre de guerra.
r. No, me llaman así desde pequeño. A mi madre no le gustaba el nombre de René, fue cosa de mi padre, que no tenía gusto. Así que ella a los cinco años me rebautizó. Y como soy belga, pues Erik el Belga. Y no, no es ninguna ofensa.
P. Erik, ¿se arrepiente de su pasado?
R. No, ¿de qué?, ¿de haber salvado miles de obras que estaban tiradas en la calle? Los que deberían arrepentirse son esos que las han vendido como patatas; yo las he comprado. (...)
P. Robar por hambre exime de culpa, ¿robar por amor al arte también?
R. Jamás me he sentido culpable, ¿de qué me iba a sentir culpable? Además, yo no vivo de mi pasado, porque si así fuera estaría muerto.
(...)
P. Dice que sus robos fueron beneficiosos para el arte sacro español al que compara con los tesoros de Egipto.
R. Todos los grandes ladrones de arte han hecho mucho bien al arte. Si Lord Elgin (embajador británico en Grecia) no hubiera robado los caballos del Partenón, se hubieran podrido. Todo lo que se ha salvado ha sido a base de expolios. (...)
P. Erik, ¿por qué se le conoce a usted más como falsificador que como ladrón de arte?
R. He falsificado mucho para los museos: siempre para divertirme, siempre por placer.
P. Cuenta que detrás de un robo hay siempre un coleccionista.
R. Necesariamente. Los grandes expoliadores de la Historia han sido los museos internacionales: todo lo que tienen ha sido robado.
(...)
P. ¿Cómo le descubrieron la primera vez, en Bélgica?
R. No lo recuerdo (...) Ah, sí: porque mi cliente era un policía.
(...)

de El Mundo, Magazine

9 Diario de clase

Piensa en los medios de comunicación.
¿Cuáles utilizas más a menudo? ¿Cuáles menos? ¿Para qué utilizas estos medios de información? Escribe sobre una noticia que te haya interesado o impresionado durante las últimas semanas.

1 ¿Tú o usted?

Piensa en los siguientes interlocutores. ¿Cómo iniciarías la conversación, con "tú" o con "usted"? Justifica tu respuesta.

		TÚ	USTED
1.	La cajera del supermercado. Tiene 50 años.	☐	☐
2.	Un compañero de trabajo de tu misma edad.	☐	☐
3.	Tu jefe.	☐	☐
4.	Un camarero de 55 años.	☐	☐
5.	El director de tu empresa.	☐	☐
6.	Un amigo de un amigo tuyo.	☐	☐
7.	Un vecino de tu escalera que tiene unos 60 años.	☐	☐
8.	Un taxista de 35 años.	☐	☐
9.	Una chica de 18 años a quien le preguntas la hora.	☐	☐
10.	Un chico de 14 años a quien le preguntas la hora.	☐	☐

2 Expresar cortesía

a. Ordena las siguientes peticiones de más a menos corteses (1 = más cortés, 3 = menos cortés). ¿Qué elementos determinan el grado de cortesía? ¿Conoces otros elementos?

☐ ¡Cierra la ventana!
☐ ¿Podrías cerrar la ventana, por favor?
☐ ¿Tendría la amabilidad de cerrar la ventana?

☐ Perdona, ¿me podrías dejar un bolígrafo?
☐ Déjame un bolígrafo.
☐ ¿Me puedes dejar un bolígrafo?

☐ ¿Me prestas 5 euros?
☐ ¿Te importaría prestarme 5 euros? Es que me he dejado la cartera en casa.
☐ ¿Te importaría prestarme 5 euros?

b. Describe las situaciones en las que podrías utilizar estas frases.

3 Dirigirse a alguien por carta

a. Lee el texto de Julio Cortázar (Bruselas 1914 – París 1984) sobre las diferentes formas de encabezar una carta. Subraya todas las posibilidades que aparecen.

Usted se reirá, pero es uno de los problemas argentinos más difíciles de resolver. Dado nuestro carácter (problema central que dejamos por esta vez a los sociólogos) el encabezamiento de las cartas plantea dificultades hasta ahora insuperables. Concretamente, cuando un escritor tiene que escribirle a un colega de quien no es amigo personal, y ha de combinar la cortesía con la verdad, ahí empieza el crujir de plumas. Usted es novelista y tiene que escribirle a otro novelista; usted es poeta, e ídem; usted es cuentista. Toma una hermosa hoja de papel, y pone: "Señor Oscar Frumento, Garabato 1787, Buenos Aires." Deja un buen espacio (las cartas ventiladas son las más elegantes) y se dispone a empezar. No tiene ninguna confianza con Frumento; no es amigo de Frumento; él es novelista y usted también; en realidad usted es mejor novelista que él, pero no cabe duda de que él piensa lo contrario. A un señor que es un colega pero no un amigo no se le puede decir: "Querido Frumento." No se le puede decir por la sencilla razón de que usted no lo quiere a Frumento. Ponerle querido es casi lascivo, en todo caso una mentira que Frumento recibirá con una sonrisa tetánica. La gran solución argentina parece ser, en esos casos, escribir: "Estimado Frumento." Es más distante, más objetivo, prueba un sentimiento cordial y un reconocimiento de valores. Pero si usted le escribe a Frumento para anunciarle que por paquete postal le envía su último libro, y en el libro ha puesto una dedicatoria en la que se habla de admiración (es de lo que más se habla en las dedicatorias), ¿cómo lo va a tratar de estimado en la carta? Estimado es un término que rezuma indiferencia, oficina, balance anual, desalojo, ruptura de relaciones, cuenta del gas, cuota del sastre. Usted piensa desesperadamente en una alternativa y no la encuentra; en la Argentina somos queridos o estimados y sanseacabó. Hubo una época (yo era joven y usaba rancho de paja) en que muchas cartas empezaban directamente después del lugar y la fecha; el otro día encontré una, muy amarillita la pobre, y me pareció un monstruo, una abominación. ¿Cómo le vamos a escribir a Frumento sin identificarlo (Frumento) y luego calificarlo (querido/estimado)? Se comprende que el sistema de mensaje directo haya caído en desuso o quede reservado únicamente para esas cartas que empiezan: "Un canalla como usted, etc.", o "Le doy 3 días para abonar el alquiler", cosas así. Más se piensa, menos se ve la posibilidad de una tercera posición entre querido y estimado; de algo hay que tratarlo a Frumento, y lo primero es mucho y lo segundo frigidaire.

Variantes como "apreciado" y "distinguido" quedan descartadas por tilingas y cursis. Si uno lo llama "maestro" a Frumento, es capaz de creer que le está tomando el pelo. Por más vueltas que le demos, se vuelve a caer en querido o estimado. Che, ¿no se podría inventar otra cosa? Los argentinos necesitamos que nos desalmidonen un poco, que nos enseñen a escribir con naturalidad: "Pibe Frumento, gracias por tu último libro", o con afecto: "Ñato, qué novela te mandaste", o con distancia pero sinceramente: "Hermano, con las oportunidades que había en la fruticultura", entradas en materia que concilien la veracidad con la llaneza. Pero será difícil, porque todos nosotros somos o estimados o queridos, y así nos va.

de Grave problema argentino:
Querido amigo, estimado, o el nombre a secas
(De la vuelta al mundo en 80 mundos)
de Julio Cortázar

b. ¿En qué situación no ve apropiado el autor del texto el uso de "querido"?
 ¿En qué circunstancias se usa "querido" y en cuáles "estimado"? Toma nota.
c. En el texto aparecen dos argentinismos. ¿Cuáles?
d. ¿En tu idioma también existen las mismas dificultades? ¿Cómo se lo explicarías a una persona que aprende tu idioma?

4 Cartas

Busca un encabezamiento y una despedida adecuada para cada una de estas cartas y situaciones.

1. Un correo electrónico a un amigo.
   _____

2. Una carta de amor.
   _____

3. Una carta a un familiar.
   _____

4. Una nota para un vecino que quieres que te riegue las plantas.
   _____

5. Una reclamación por correo electrónico a la compañía de electricidad.
   _____

5 Extranjerismos en español

Lee estas dos cartas de opinión que aparecieron en el periódico digital de El País dentro de un foro de debate. Elige la que más te interese y responde.

CARMEN CORTÉS (22-11-2001)
Amigo Juan Rodríguez:
Te felicito por tu simpática colaboración y opino igual que tú. Tengo entendido que una lengua se va construyendo con el uso, y en todos los idiomas hay préstamos de otras lenguas. Que cada uno adopte el uso que más le apetezca; otra cosa es que eso cristalice o no en una palabra o expresión de uso común y que la RAE*, que casi como todas las instituciones va por detrás de la realidad, dé o no su visto bueno. (...)

RAFAEL ARRANZ (25-11-2001)
Estimado Sr. Gómez:
No tiene usted razón. Que un idioma sea vivo, no quiere decir que tenga que extraer sus novedades de idiomas extranjeros. Pues si en español existe la palabra derrumbarse, ¿por qué hay que usar la palabra colapsarse?
Es falso que los idiomas vivos tengan que enriquecerse de cualquier manera. Incluso para los que, como yo, defendemos la pureza del idioma frente a neologismos cómodos, la entrada de neologismos de clara raíz y lógica dentro de la estructura idiomática, nos parece aceptable.
En España, por ejemplo, no se usaba mucho el término ningunear. Es una expresión preciosa, venida de Hispanoamérica, que muchos utilizan ya precisamente porque eso sí es castellano. Pero otra cosa es que acepte el neologismo "carpeta", en vez de alfombra, porque en inglés se diga "carpet". A este paso, terminaría aceptando güindogua.

*RAE: Real Academia de la Lengua Española

6 Hablando en público

Elimina el elemento que no corresponda al grupo.

① Una vez...
En los próximos diez minutos...
En una ocasión...

② Para concluir...
En primer lugar...
Para finalizar...

③ Como decía Cervantes...
Según un estudio realizado por...
Para terminar...

④ Además...
Como ustedes seguramente saben...
Estoy seguro de que ya habrán oído hablar de...

⑤ Como iba diciendo...
En resumen...
Volviendo al tema que nos ocupa...

7 El tema del día

Elige la cita que más te guste o interese y prepara un pequeño borrador con ideas sobre el tema al que se refiere. Después durante 3 minutos vas a exponer tus ideas. ¡No te olvides de utilizar la cita!

»Trabajo deprisa para vivir despacio«
Montserrat Caballé, cantante de ópera

»Encuentro la televisión muy educativa. Cada vez que alguien la enciende, me retiro a otra habitación y leo un libro«
Marx ("Groucho"), actor

»Los amigos son como los taxis, es difícil encontrarlos cuando el tiempo se pone feo«
P. Bonnet

Hablar en público
No tengas miedo si al hablar no recuerdas una palabra o tienes el sentimiento de cometer errores. Antes de comenzar prepara un par de notas, de esta forma no necesitarás concentrarte tanto en lo que dices y podrás prestar más atención a cómo lo dices.

8 Diario de clase

¿Qué temas del libro te han gustado más? ¿Cuáles no?
¿Por qué no nos escribes y nos lo cuentas?
Nuestra dirección:
Max Hueber Verlag
«Visto bueno»
Postfach 1142, 85729 Ismaning

Grammatik

Auf den folgenden Seiten finden Sie eine ausführliche Darstellung der Grammatikthemen, die in den Lektionen behandelt werden. Sie können diese Grammatikübersicht benutzen, um sich Regeln einzuprägen, um das Gelernte weiter zu vertiefen oder wenn Sie etwas nachschlagen möchten. Zur Wiederholung und zum Nachschlagen finden Sie außerdem ab S.129 eine Zusammenfassung zum Gebrauch des Subjuntivo und eine Übersicht über die Formen häufig verwendeter unregelmäßiger Verben.

Lección 1

1. Der Gebrauch des Indikativ und Subjuntivo mit Verben und Ausdrücken der Meinung und Wahrscheinlichkeit

positiv	negativ
Creo que eso **es** verdad.	**No** creo que eso **sea** verdad.
Es verdad que la forma de vestir **da** mucha información sobre el carácter.	**No** es verdad que la forma de vestir **dé** mucha información sobre el carácter.

Nach verneinten Verben und Ausdrücken der Meinung und Wahrscheinlichkeit steht das Verb im Nebensatz im Subjuntivo.

Ebenso bei folgenden Verben und Ausdrücken:

positiv		negativ	
Pienso que		**No** pienso que	
Es cierto que	+ Indikativ	**No** es cierto que	+ Subjuntivo
Está comprobado que		**No** está comprobado que	
Me parece que		**No** me parece que	

2. Relativpronomen *que* und *quien*

- Es una persona **que** tiene problemas para tomar una decisión.
- Es una persona **a la que** le gusta soñar.
- Es un chico **con el que** se puede discutir de muchas cosas.

Que ist das am häufigsten verwendete Relativpronomen und wird sowohl bei Personen als auch bei Sachen gebraucht.
Wenn vor dem *que* noch eine Präposition gebraucht wird, steht zwischen Präposition und *que* der entsprechende Artikel. Anstelle von *a la que*, *con el que*, kann auch *a quien*, *con quien* benutzt werden, wenn es sich um Personen handelt.

- Una persona aventurera es alguien **a quien** le gusta correr riesgos.

Das Pronomen *quien* bezieht sich nur auf Personen und wird als direktes oder indirektes Objekt nach a verwendet.

- Una persona abierta es alguien con quien se puede discutir de muchas cosas.

Das Pronomen *quien* wird auch nach Präpositionen gebraucht.

3. Der Gebrauch des Subjuntivo nach Ausdrücken des Gefühls oder Gefallens

- **Me gusta que** mis vecinos saluden por la mañana.
- **Me encanta que** me regale flores.
- **Me molesta que** mis vecinos sean tan antipáticos.
- **Me hace ilusión** que me llame.
- **Me pone nervioso** que me llame al trabajo.

me gusta que	
me encanta que	
me hace ilusión que	
me pone nervioso/ triste/ ... que	+ Subjuntivo
me pone de mal humor/ de buen humor que	
me molesta que	
no soporto que	
detesto que	

4. Die Zeitenfolge beim Subjuntivo

- Me gustaría que mis vecinos fueran más simpáticos.
- A Carmen no le gustó que su ex novio viniera a tu fiesta.
- Cuando era joven me molestaba mucho que me llamaran señorita.

Hauptsatz	Nebensatz
Konditional I	
Indefinido	Imperfekt des Subjuntivo (vgl. GR L3, 2+3)
Imperfekt	

Wenn ein Ausdruck, der im Nebensatz den Gebrauch des Subjuntivo erfordert, im Konditional, Indefinido oder Imperfekt steht, so muss das Verb im Nebensatz im Imperfekt des Subjuntivo benutzt werden.

Lección 2

1. Vermutung und Wahrscheinlichkeit ausdrücken

- **A lo mejor** el chico de la coleta **es** el yerno.
- **Es probable que** la señora rubia **sea** la hija mayor.
- **Quizás** la señora de las gafas **es/sea** la hija.

A lo mejor	+ Indikativ
Puede que Es probable que Es posible que	+ Subjuntivo
Quizás Tal vez Probablemente	+ Indikativ/Subjuntivo

Nach *a lo mejor* wird das Verb immer im Indikativ benutzt.
Nach *puede que*, *es probable que*, *es posible que* wird das Verb immer im Subjuntivo benutzt.
Nach *quizá(s)*, *tal vez* und *probablemente* hängt es vom Standpunkt des Sprechers ab, ob das Verb im Indikativ oder im Subjuntivo benutzt wird.

Indikativ = der Sprecher hält seine Vermutung für sehr wahrscheinlich.
Subjuntivo = der Sprecher hält seine Vermutung für weniger wahrscheinlich.

2. Der Gebrauch des Imperfekt um über Gewohnheiten in der Vergangenheit zu berichten

- **Antes** los abuelos **contaban** historias a sus nietos, ahora prefieren ver la televisión.

Das Imperfecto wird auch gebraucht, um Gewohnheiten und routinemäßige Handlungen aus der Vergangenheit wiederzugeben. Oft stehen dabei Zeitangaben wie *antes*, *siempre*, *nunca*, *normalmente*, usw.

3. Mengenangaben

- **La mayoría** de las mujeres pone la lavadora.
- **Casi ningún** hombre limpia los baños.
- **Apenas un 2%** de los hombres plancha.

4. Ratschläge geben

Si vuestro hijo **prefiere** ver la televisión, **fomentad** un cambio de actitud...	*Si* + Präsens, Imperativ
Lo mejor es que convivan con el desorden.	*Lo mejor es que* + Subjuntivo
Le recomiendo que haga un viaje con su suegra.	*Le recomiendo que* + Subjuntivo
Le aconsejo que vea menos la televisión.	*Le aconsejo que* + Subjuntivo
Si yo fuera usted le compraría una agenda.	*Si yo fuera usted* + Konditional
Yo en su lugar le regalaría un buen libro.	*Yo en su lugar* + Konditional

5. Der reale Bedingungssatz

- **Si** vuestro hijo **prefiere** ver la televisión, **fomentad** un cambio de actitud...

Bedingungssatz	Hauptsatz
Si + Präsens,	Imperativ/Präsens
	Futur

Man spricht von einem realen Bedingungssatz, wenn die Bedingung in der Gegenwart oder in der Zukunft erfüllbar ist. In dem mit *si* eingeleiteten Satz steht das Verb im Präsens Indikativ. Im folgenden Hauptsatz kann das Verb im Imperativ, Präsens Indikativ oder Futur.

6. Der Subjuntivo nach Ausdrücken und Verben der Beeinflussung

- **Le recomiendo que** haga un viaje con su suegra.
- **Le aconsejo que** vea menos la televisión.
- **Lo mejor es que** convivan con el desorden.

Nach Verben und Ausdrücken der Beeinflussung steht das Verb im Nebensatz im Subjuntivo.

7. Der Gebrauch von *para que*

- **Para que** tu hijo no **sienta** celos, intenta repartir tu tiempo.

para que + Subjuntivo = damit...

Lección 3

1. Der Gebrauch des Subjuntivo nach Ausdrücken der Notwendigkeit

- Para mí **es indispensable que** el trabajo ofrezca posibilidades de promoción.
- Pues para mí **es importante tener** seguridad.

Nach Ausdrücken der Notwendigkeit wird das Verb im Nebensatz im Subjuntivo benutzt, wenn der Nebensatz ein eigenes Subjekt hat, ansonsten steht der Infinitiv.

Ebenso:

Es importante que
Es necesario que
Es fundamental que   + Subjuntivo
Lo más importante es que
Lo principal es que

2. Das Imperfekt des Subjuntivo

	cantar	**com**er	**viv**ir
(yo)	cant**ara**	com**iera**	viv**iera**
(tú)	cant**aras**	com**ieras**	viv**ieras**
(él/ella/usted)	cant**ara**	com**iera**	viv**iera**
(nosotros/-as)	cant**áramos**	com**iéramos**	viv**iéramos**
(vosotros/-as)	cant**arais**	com**ierais**	viv**ierais**
(ellos/-as/ustedes)	cant**aran**	com**ieran**	viv**ieran**

Das Imperfekt des Subjuntivo wird abgeleitet aus den Formen der 3. Person Plural des Indefinido; anstelle der Endung *-ron* werden die entsprechenden Endungen des Imperfekts des Subjuntivo angehängt.

3. Person Plural Indikativ	cantaron	cantara/cantaras usw.
	comieron	comiera/comieras usw.

	cantar	**com**er	**viv**ir
(yo)	cant**ase**	com**iese**	viv**iese**
(tú)	cant**ases**	com**ieses**	viv**ieses**
(él/ella/usted)	cant**ase**	com**iese**	viv**iese**
(nosotros/-as)	cant**ásemos**	com**iésemos**	viv**iésemos**
(vosotros/-as)	cant**aseis**	com**ieses**	viv**ieseis**
(ellos/-as/ustedes)	cant**asen**	com**iesen**	viv**iesen**

Es gibt eine zweite Form des Imperfekts des Subjuntivo, die mit der Endung *-ese* bzw. *-iese* gebildet wird. Zwischen den Formen gibt es keinen Bedeutungsunterschied.

3. Das Imperfekt des Subjuntivo der unregelmäßigen Verben

Infinitiv	Indefinido	Imperfekt Subjuntivo
poner	pusieron	pusiera, pusieras usw.
estar	estuvieron	estuviera, estuvieras usw.
querer	quisieron	quisiera, quisieras usw.
tener	tuvieron	tuviera, tuvieras usw.
ser/ir	fueron	fuera, fueras usw.
venir	vinieron	viniera, vinieras usw.
hacer	hicieron	hiciera, hicieras usw.
saber	supieron	supiera, supieras usw.
construir	construyeron	construyera, construyeras usw.
decir	dijeron	dijera, dijeras usw.
pedir	pidieron	pidiera, pidieras usw.

Die Ableitung des Imperfekts des Subjuntivo von der 3. Person Plural des Indefinido gilt auch für alle unregelmäßigen Verben.

4. Der Gebrauch des Imperfekts des Subjuntivo im potentiellen Bedingungssatz der Gegenwart

- Si **no fuera** periodista, **sería** detective.

Bedingungssatz	Hauptsatz
Si + Imperfekt des Subjuntivo	Konditional

Wenn der *Si*-Satz eine Bedingung erhält, deren Erfüllung möglich aber im Augenblick nicht realisierbar ist, oder sehr unwahrscheinlich ist, steht das Verb im Imperfekt des Subjuntivo; im Hauptsatz wird das Verb im Konditional benutzt.

5. Das Plusquamperfekt des Subjuntivo

	cant*ar*	com*er*	viv*ir*
(yo)	hubiera cantado	hubiera comido	hubiera vivido
(tú)	hubieras cantado	hubieras comido	hubieras vivido
(él/ella/usted)	hubiera cantado	hubiera comido	hubiera vivido
(nosotros/-as)	hubiéramos cantado	hubiéramos comido	hubiéramos vivido
(vosotros/-as)	hubiérais cantado	hubiérais comido	hubiérais vivido
(ellos/-as/ustedes)	hubieran cantado	hubieran comido	hubieran vivido

Das Plusquamperfekt des Subjuntivo wird gebildet aus den Formen des Imperfekts des Subjuntivo von *haber* und dem Partizip.

Wenn der *Si*-Satz eine Bedingung erhält, deren Erfüllung nicht mehr realisierbar ist, steht das Verb im Plusquamperfekt des Subjuntivo; im Hauptsatz steht das Verb im Konditional II (Condicional perfecto).

	cant*ar*	com*er*	viv*ir*
(yo)	hubiese cantado	hubiese comido	hubiese vivido
(tú)	hubieses cantado	hubieses comido	hubieses vivido
(él/ella/usted)	hubiese cantado	hubiese comido	hubiese vivido
(nosotros/-as)	hubiésemos cantado	hubiésemos comido	hubiésemos vivido
(vosotros/-as)	hubieseis cantado	hubieseis comido	hubieseis vivido
(ellos/-as/ustedes)	hubiesen cantado	hubiesen comido	hubiesen vivido

Es gibt eine zweite Form des Plusquamperfekt des Subjuntivo, die mit der Endung *-ese* bzw. *-iese* gebildet wird. Zwischen den Formen gibt es keinen Bedeutungsunterschied.

6. Der Gebrauch des Plusquamperfekt des Subjuntivo im irrealen Bedingungssatz der Vergangenheit

- Si no hubiera estudiado periodismo, habría estudiado medicina.

Irrealer Bedingungssatz	**Hauptsatz**
Si + Plusquamperfekt des Subjuntivo	Konditional II

7. Alternative, um nicht realisierbare Wünsche auszudrücken

- De no haber estudiado periodismo, habría estudidado derecho.
  (Wenn ich nicht Journalismus studiert hätte, hätte ich Jura studiert.)

Irrealer Bedingungssatz	**Hauptsatz**
De + Partizip Perfekt	Konditional II

Die Konstruktion *de* + Partizip Perfekt kann auch für einen Nebensatz der irrealen Bedingung eintreten.

Lección 4

1. Der Gebrauch des Subjuntivo nach *cuando*

- **Cuando** la leche esté templada, se echa sobre las rebanadas de pan.

Wenn im Hauptsatz eine zukünftige Handlung wiedergegeben wird, dann wird der Zeitpunkt der Realisierung im Nebensatz mit *cuando* + Subjuntivo ausgedrückt. (Im Deutschen verwendet man meistens das Präsens).

2. Der Gebrauch von Indikativ und Subjuntivo nach *antes de que, hasta que* und anderen Konjunktionen der Zeit

- **Antes de que** la leche **empiece** a hervir, se retira del fuego y se deja reposar.
- Se dejan las rebanadas de pan en remojo media hora **hasta que se empapen** bien.
- **Una vez que** las rebanadas de pan **estén** bien empapadas, se sacan de una en una.
- **Tan pronto como** las rebanadas de pan **estén** bien fritas, se sacan de la sartén.

Nach Konjunktionen der Zeit wird das Verb im Subjuntivo benutzt, wenn der Nebensatz sich auf etwas Zukünftiges bezieht.

3. Das Relativpronomen *que*

Es un objeto **que** se utiliza para pesar los alimentos.
Es una cosa **con la que** se puede extender una masa.

Wenn man über Sachen spricht, wird der Relativsatz mit *que* eingeleitet.
Wenn vor dem *que* noch eine Präposition gebraucht wird, steht zwischen Präposition und *que* der entsprechende Artikel. Anstelle von *a la que, con el que*, kann auch *a quien, con quien* benutzt werden, wenn es sich um Personen handelt.

Lección 5

1. Der Vergleich der Adjektive

- Las tiendas de barrio son **más** caras **que** los centros comerciales.
- Los centros comerciales son **menos** caros **que** las tiendas de barrio.
- Las tiendas de barrio son **tan** caras **como** los centros comerciales.

Komparativ	
Gleichheit	Ungleichheit
tan + Adjektiv + *como*	*más* + Adjektiv + *que*
	menos + Adjektiv + *que*

2. Entgegensetzende Konjunktionen

- Las tiendas de barrio suelen ser más caras, **pero** la atención al cliente es mejor.
- Las tiendas de barrio ofrecen un trato personal. **Sin embargo**, yo prefiero los grandes almacenes.
- Las tiendas de barrio ofrecen un trato personal, **mientras que** los grandes almacenes son muy impersonales.
- Los grandes centros comerciales son muy ruidosos. **En cambio**, las tiendas de barrio son más tranquilas.

- Las tiendas de barrio son más caras, **aún así** las prefiero.
- Los grandes almacenes son más ruidosos, **a pesar de eso** los prefiero.

3. Verbale Umschreibungen mit dem Infinitiv

- Las tiendas de barrio **suelen tener** mejor calidad.

Soler (o>ue) + Infinitiv bezeichnet eine gewohnheitsmäßige Handlung.

4. Erfahrungen und Ereignisse bewerten

- Me **hizo** muy feliz.
- No me lo esperaba, pero me **encantó**.
- Me **gustó** muchísimo.

Das Indefinido wird auch gebraucht, um bestimmte Handlungen der Vergangenheit zu bewerten.

- Me **ha gustado** mucho.

Falls Handlungen noch nicht abgeschlossen sind, benutzt man das Perfekt.

Lección 6

1. Gebrauch des Imperfekt und des Indefinido

Imperfekt

- Érase una vez hace muy pocos años una joven que **vivía** en un dúplex en el centro de Jarcovendas.
- Ya **eran** casi las doce de la noche.
- Casilda se negó a abrir, ya que la **sorprendían** sin el rimel puesto.
- Celia **era** una chica muy soñadora.

Das Imperfekt wird gebraucht, um eine Situation (Rahmen oder Begleitumstände einer Handlung) darzustellen oder um Personen und Sachen zu beschreiben.

Indefinido

- Ya eran casi las doce de la noche. A lo lejos se podían distinguir los ronquidos de las amas y Celia, aprovechando que se encontraban en un profundo sueño, **bajó** al primer piso para tener un encuentro cibernáutico con el hombre...

Mit dem Indefinido werden einmalige oder neu einsetzende Handlungen ausgedrückt.

2. Gründe und Folge ausdrücken

- **...puesto que** se niega a casarse con la marquesa de Gerona...
    (La Cibercenicienta, línea 24)
- **...ya que** la sorprendía sin el rimel puesto...
    (La Cibercenicienta, línea 84)
- **...así que**, como siempre, tuvo que ser Celia la que abriera la puerta.
    (La Cibercenicienta, línea 85)

Lección 7

Das Passiv

- El libro **había sido prestado** en septiembre de 1948 **por** la biblioteca de Camborne.
- La policía de Bruselas **fue avisada** ayer de que había un paquete sospechoso en la terminal de viajeros del aeropuerto.
- Catorce miembros de una familia **fueron atendidos** el sábado en centros sanitarios de Calafell.

Das Passiv (*voz pasiva*) wird aus dem Verb *ser*, das in den verschiedenen Zeiten stehen kann, und dem Partizip Perfekt gebildet. Dieses richtet sich in Geschlecht und Zahl nach dem Subjekt. Der Urheber der Handlung kann mit der Präposition *por* angegeben werden.
Das Passiv wird im Spanischen selten gebraucht.

Lección 8

Grammatikunterschiede zwischen Spanien und Lateinamerika

Die Anrede in Spanien und Lateinamerika

- ¿Y ustedes, de dónde son? (Und ihr, woher kommt ihr?)

In Lateinamerika und auf den kanarischen Inseln wird für die Anrede mehrerer Personen **ustedes** benutzt, auch wenn man sich duzt.

Voseo

In einigen Ländern Lateinamerikas (Argentinien, Uruguay, Paraguay, Zentralamerika) wird anstelle von *tú* das Subjektpronomen *vos* für die "du"-Anrede benutzt.
Die Verbformen werden wie bei der tú-Form gebildet, im Unterschied dazu wird aber die Endsilbe betont.

	tú	vos
hablar	hablas	hablás
comer	comes	comés
vivir	vives	vivís

decir	dices	decís
querer	quieres	querés
poder	puedes	podés

Bei den Verben mit Stammvokalveränderung bleibt dieser erhalten.

Das Fehlen des "leísmo"

- ¿Has visto a mi hermano?
- No, no **lo** he visto.

In Lateinamerika werden als direktes Objekt bei männlichen Personen immer **lo/los** verwendet, während in Spanien sowohl **lo/los** als auch **le/les** üblich ist.

Der Gebrauch des Indefinido statt des Perfekts

- ¿Ya llegó Carmen?

Das Perfekt wird in Lateinamerika und in einigen Regionen Spaniens wenig gebraucht, stattdessen wird das Indefinido benutzt.

Der Subjuntivo

Der Subjuntivo ist eine Form des Verbs, die überwiegend in Nebensätzen gebraucht wird, wenn in den Hauptsätzen, von denen sie abhängen, Meinung, Glauben, Notwendigkeit, Wunsch, Forderung, Hoffnung, Zweifel oder Unsicherheit ausgedrückt werden. Tatsachen oder Handlungen werden dadurch bewertet, als (nicht) wünschenswert dargestellt, gefordert, erhofft oder bezweifelt.

Der Gebrauch des Subjuntivo

Das Verb im Nebensatz steht im Subjuntivo, wenn im Hauptsatz eines der folgenden Verben oder Ausdrücke mit der angegebenen Bedeutung gebraucht wird:

▷ **Meinung / Beurteilung**
Está bien / mal
Me parece bien / mal / raro
Es normal
Es una pena   que las tradiciones **cambien**.
A mí me da igual
No me importa
Lo más importante es
Lo principal es

▷ **Gefühl**
Me gusta
Me encanta   que me **regalen** flores.
Me hace ilusión

Me molesta
Me pone nervioso
Me pone de mal humor   que me **despierten** los domingos antes de las diez.
No soporto
Detesto

▷ **Notwendigkeit**
Es importante
Es necesario   que el piso **tenga** un balcón.
Es fundamental

▷ **Wunsch, Forderung oder Hoffnung**
Quiero
Exijo   que el barrio **sea** seguro.
Deseo
Espero

▷ **Erstaunen**
Qué raro
No puede ser
No es posible   que te **hayas quedado** dormido
Me extraña

▷ **Unsicherheit, Zweifeln, verneinte Verben des Glaubens**

Dudo
No creo
No está comprobado   que **sea** bueno comer mucho por las noches.
No es verdad
No es cierto

Der Subjuntivo steht außerdem:

▷ **bei (guten) Wünschen**
   ¡Que te diviertas!
   ¡Ojalá no llueva mañana!

▷ **in Relativsätzen**
   - wenn man eine Person oder Sache sucht/sich wünscht, und man nicht weiß, ob es sie gibt.
   Busco a una persona que me pague la gasolina.

   - wenn das Verb im Hauptsatz verneint ist.
   No conozco a nadie que utilice lentillas desechables.

   - wenn man anderen die Entscheidung überlässt
   Puedes ir cuando quieras.
   Haz lo que quieras.

▷ **nach Ausdrücken der Vermutung**
   Quizá(s) esté en un atasco.
   Tal vez se haya quedado dormido.

▷ **nach *cuando* und *hasta que*, um zukünftige Handlungen auszudrücken**
   Cuando me jubile, podré dedicar más tiempo a mis aficiones.
   No hagas nada hasta que yo confirme las plazas.

▷ **nach *para que* und *antes de que***
   Los parques se crean para que el ciudadano disfrute de la naturaleza.
   Oye, antes de que se me olvide, ¿tienes planes para el fin de semana?

▷ **in potentiellen Bedingungssätzen**
   Si me tocara la lotería, dejaría de trabajar.

▷ **in irrealen Bedingungssätzen**
   Si no hubiera estudiado derecho, habría estudiado medicina.

▷ **für die Wiedergabe von Bitten und Befehlen anderer**
   Te recomienda que lo pruebes.
   Dice que vengas.
   Me pedían que no abriera la puerta.
   Me prohibían que llegara a casa después de las diez.

Die Formen wichtiger unregelmäßiger Verben

Infinitivo	Presente	Indefinido	Gerundio	Presente Subj.	Imperfecto Subj.
conducir (fahren)	conduzco	conduje	conduciendo	conduzca	condujera
	conduces	condujiste	*Participio*	conduzcas	condujeras
	conduce	condujo	conducido	conduzca	condujera
	conducimos	condujimos		conduzcamos	condujéramos
	conducís	condujisteis		conduzcáis	condujerais
	conducen	condujeron		conduzcan	condujeran
conocer (kennen/ -lernen)	conozco	conocí	*Gerundio*	conozca	conociera
	conoces	conociste	conociendo	conozcas	conocieras
	conoce	conoció	*Participio*	conozca	conociera
	conocemos	conocimos	conocido	conozcamos	conociéramos
	conocéis	conocisteis		conozcáis	conocierais
	conocen	conocieron		conozcan	conocieran
construir (bauen)	construyo	construí	*Gerundio*	construya	construyera
	construyes	construiste	construyendo	construyas	construyeras
	construye	construyó	*Participio*	construya	construyera
	construimos	construimos	construido	construyamos	construyéramos
	construís	construisteis		construyáis	construyerais
	construyen	construyeron		construyan	construyeran
dar (geben)	doy	di	*Gerundio*	dé	diera
	das	diste	dando	des	dieras
	da	dio	*Participio*	dé	diera
	damos	dimos	dado	demos	diéramos
	dais	disteis		deis	dierais
	dan	dieron		den	dieran
decir (sagen)	digo	dije	*Gerundio*	diga	dijera
	dices	dijiste	diciendo	digas	dijeras
	dice	dijo	*Participio*	diga	dijera
	decimos	dijimos	dicho	digamos	dijéramos
	decís	dijisteis	*Cond./Fut.*	digáis	dijerais
	dicen	dijeron	dir-ía/-é	digan	dijeran
dormir (schlafen)	duermo	dormí	*Gerundio*	duerma	durmiera
	duermes	dormiste	durmiendo	duermas	durmieras
	duerme	durmió	*Participio*	duerma	durmiera
	dormimos	dormimos	dormido	durmamos	durmiéramos
	dormís	dormisteis		durmáis	durmierais
	duermen	durmieron		duerman	durmieran

Infinitivo	Presente	Indefinido	Gerundio	Presente Subj.	Imperfecto Subj.
estar (sein/sich befinden)	estoy estás está estamos estáis están	estuve estuviste estuvo estuvimos estuvisteis estuvieron	estando *Participio* estado	esté estés esté estemos estéis estén	estuviera estuvieras estuviera estuviéramos estuvierais estuvieran
hacer (machen)	hago haces hace hacemos hacéis hacen	hice hiciste hizo hicimos hicisteis hicieron	*Gerundio* haciendo *Participio* hecho *Cond./Fut.* har -ía/-é	haga hagas haga hagamos hagáis hagan	hiciera hicieras hiciera hiciéramos hicierais hicieran
ir (gehen/ fahren)	voy vas va vamos vais van	fui fuiste fue fuimos fuisteis fueron	*Gerundio* yendo *Participio* ido *Imperfecto* iba, ibas …	vaya vayas vaya vayamos vayáis vayan	fuera fueras fuera fuéramos fuerais fueran
leer (lesen)	leo lees lee leemos leéis leen	leí leíste leyó leímos leísteis leyeron	*Gerundio* leyendo *Participio* leído	lea leas lea leamos leáis lean	leyera leyeras leyera leyéramos leyerais leyeran
ofrecer (anbieten)	ofrezco ofreces ofrece ofrecemos ofrecéis ofrecen	ofrecí ofreciste ofreció ofrecimos ofrecisteis ofrecieron	*Gerundio* ofreciendo *Participio* ofrecido	ofrezca ofrezcas ofrezca ofrezcamos ofrezcáis ofrezcan	ofreciera ofrecieras ofreciera ofreciéramos ofrecierais ofrecieran
oír (hören)	oigo oyes oye oímos oís oyen	oí oíste oyó oímos oísteis oyeron	*Gerundio* oyendo *Participio* oído	oiga oigas oiga oigamos oigáis oigan	oyera oyeras oyera oyéramos oyerais oyeran

Infinitivo	Presente	Indefinido	Gerundio	Presente Subj.	Imperfecto Subj.
pedir (bitten)	pido	pedí	pidiendo	pida	pidiera
	pides	pediste	*Participio*	pidas	pidieras
	pide	pidió	pedido	pida	pidiera
	pedimos	pedimos		pidamos	pidiéramos
	pedís	pedisteis		pidáis	pidierais
	piden	pidieron		pidan	pidieran
poder (können)	puedo	pude	*Gerundio*	pueda	pudiera
	puedes	pudiste	pudiendo	puedas	pudieras
	puede	pudo	*Participio*	pueda	pudiera
	podemos	pudimos	podido	podamos	pudiéramos
	podéis	pudisteis	*Cond./Fut.*	podáis	pudierais
	pueden	pudieron	podr-ía/-é	puedan	pudieran
poner (setzen/ stellen/ legen)	pongo	puse	*Gerundio*	ponga	pusiera
	pones	pusiste	poniendo	pongas	pusieras
	pone	puso	*Participio*	ponga	pusiera
	ponemos	pusimos	puesto	pongamos	pusiéramos
	ponéis	pusisteis	*Cond./Fut.*	pongáis	pusierais
	ponen	pusieron	pondr-ía/-é	pongan	pusieran
querer (wollen)	quiero	quise	*Gerundio*	quiera	quisiera
	quieres	quisiste	queriendo	quieras	quisieras
	quiere	quiso	*Participio*	quiera	quisiera
	queremos	quisimos	querido	queramos	quisiéramos
	queréis	quisisteis	*Cond./Fut.*	queráis	quisierais
	quieren	quisieron	querr-ía/-é	quieran	quisieran
saber (wissen)	sé	supe	*Gerundio*	sepa	supiera
	sabes	supiste	sabiendo	sepas	supieras
	sabe	supo	*Participio*	sepa	supiera
	sabemos	supimos	sabido	sepamos	supiéramos
	sabéis	supisteis	*Cond./Fut.*	sepáis	supierais
	saben	supieron	sabr-ía/-é	sepan	supieran
salir (weggehen)	salgo	salí	*Gerundio*	salga	saliera
	sales	saliste	saliendo	salgas	salieras
	sale	salió	*Participio*	salga	saliera
	salimos	salimos	salido	salgamos	saliéramos
	salís	salisteis	*Cond./Fut.*	salgáis	salierais
	salen	salieron	saldr-ía/-é	salgan	salieran

Infinitivo	Presente	Indefinido	Gerundio	Presente Subj.	Imperfecto Subj.
ser (sein)	soy	fui	siendo	sea	fuera
	eres	fuiste	*Participio*	seas	fueras
	es	fue	sido	sea	fuera
	somos	fuimos	*Imperfecto*	seamos	fuéramos
	sois	fuisteis	era,…,éramos	seáis	fuerais
	son	fueron		sean	fueran
tener (haben)	tengo	tuve	*Gerundio*	tenga	tuviera
	tienes	tuviste	teniendo	tengas	tuvieras
	tiene	tuvo	*Participio*	tenga	tuviera
	tenemos	tuvimos	tenido	tengamos	tuviéramos
	tenéis	tuvisteis	*Cond./Fut.*	tengáis	tuvierais
	tienen	tuvieron	tendr-ía/-é	tengan	tuvieran
traer (bringen)	traigo	traje	*Gerundio*	traiga	trajera
	traes	trajiste	trayendo	traigas	trajeras
	trae	trajo	*Participio*	traiga	trajera
	traemos	trajimos	traído	traigamos	trajéramos
	traéis	trajisteis		traigáis	trajerais
	traen	trajeron		traigan	trajeran
venir (kommen)	vengo	vine	*Gerundio*	venga	viniera
	vienes	viniste	viniendo	vengas	vinieras
	viene	vino	*Participio*	venga	viniera
	venimos	vinimos	venido	vengamos	viniéramos
	venís	vinisteis	*Cond./Fut.*	vengáis	vinierais
	vienen	vinieron	vendr-ía/-é	vengan	vinieran
ver (sehen)	veo	vi	*Gerundio*	vea	viera
	ves	viste	viendo	veas	vieras
	ve	vio	*Participio*	vea	viera
	vemos	vimos	visto	veamos	viéramos
	veis	visteis	*Imperfecto*	veáis	vierais
	ven	vieron	veía, veías, …	vean	vieran

Lektionswortschatz

Lección 1

1

coleccionar	sammeln
la taza de café	Kaffeetasse
moverse (o>ue)	sich bewegen
tratar	versuchen
devolver (o>ue)	zurückgeben
entregar	abgeben, übergeben
el retrato	Porträt

3

los recién nacidos	Neugeborenen
recién	neu, jüngst

4

la fuente	Quelle
nombres que hacen época	epochemachende Namen
la época	Epoche, Zeitalter
el franquismo	Franco-Ära
abreviado/-a	abgekürzt
en la actualidad	heutzutage
la libertad	Freiheit
actualmente	zur Zeit, augenblicklich
cambiarse de nombre	den (Vor-)Namen ändern
habitual	gebräuchlich

6

el significado	Bedeutung
realmente	wirklich, tatsächlich
plácido/-a	sanft, ruhig, anmutig
la felicidad	Glück, ~seligkeit
el ángel	Engel
la manera	Art, Weise
registrar	eintragen, registrieren
el individuo	Person, Individuum
individualizar	individualisieren, einzeln betrachten
el nombre propio	Eigenname
cuyo/-a	dessen/deren
el hecho	Tatsache, Tatbestand
la formación de la personalidad	Persönlichkeitsbildung
apenas	kaum, nicht einmal
el entorno	Umgebung, Umwelt
aportar	beisteuern, beitragen
la representación	Ansehen, Auftreten
el escenario	Szenerie, Schauplatz
a cuestas	„auf dem Buckel"
repercutir	sich auswirken
el rincón	Winkel, Nische
la repercusión	Auswirkung
la carga	Last, Bürde
asociar	verbinden, assoziieren
el varón	Junge, Mann
acarrear	befördern, transportieren, hier: weitergeben
la dinastía	Dynastie
la reputación	Ruf, Ansehen
mantener	aufrechterhalten
perpetuar	bewahren, verewigen
el aliciente	Anreiz
el agobio	Last, Mühsal
enfrentarse a	die Stirn bieten
escolar	Schul....
estrafalario/-a	lächerlich, skurril
la extracción social	soziale Herkunft
la resonancia	(An)Klang, Resonanz
el ingreso	Einkommen
obedecer	gehorchen, folgen
ejercer	ausüben
la atracción	Anziehungskraft
indiscutible	indiskutabel, nicht hinterfragbar
considerarse	sich halten für
la opción	Wahl(möglichkeit), Option
la globalización	Globalisierung, Verallgemeinerung
la elección	Wahl
Euskadi	(baskischer Name für) Baskenland
afectar	betreffen, beeindrucken
crecer (-zc-)	aufwachsen, wachsen
la reivindicación	Forderung, Anspruch
el origen	Herkunft
la raíz	Wurzel
resumir	zusammenfassen
principal	Haupt...
motivador/-a	motivierend
suponer	bedeuten, verursachen

7

expresar	ausdrücken
la preferencia	Vorliebe
la comparación	Vergleich

8

el alma / las almas	Seele
definitivo/-a	entscheidend, endgültig
fiable	zuverlässig
mostrar	zeigenel
acuerdo	Einverständnis
el desacuerdo	Unstimmigkeit
la tontería	Dummheit, Unfug
recordar (o>ue)	sich erinnern

9

el signo del zodíaco	Sternkreiszeichen
Aries	Widder (astrolog.)
ambicioso/-a	ehrgeizig
inquieto/-a	unruhig
el papel del líder	Führungsrolle
aventurero/-a	abenteuerlustig
asustarse	sich erschrecken
testarudo/-a	eigensinnig, stur
Tauro	Stier (astrolog.)
conservador/-a	konservativ, bewahrend
reflexivo/-a	nachdenklich, besonnen
ofenderse	gekränkt sein, einschnappen
susceptible	(über)empfindlich, reizbar
Géminis	Zwillinge (astrolog.)
soñador/-a	verträumt, träumerisch
el afán	Eifer, Streben
inconstante	wankelmütig, flatterhaft
Cáncer	Krebs (astrolog.)
cariñoso/-a	liebevoll, zärtlich
hacer daño a alguien	jmd. weh tun
fácilmente	leicht
Leo	Löwe (astrolog.)
mandar	befehlen, anordnen
orgulloso/-a	eitel, stolz
en el fondo	hier: tief im Innern
el corazón	Herz
Virgo	Jungfrau (astrolog.)
metódico/-a	methodisch, durchdacht
el/la perfeccionista	Perfektionist/in
trabajador/-a	fleißig
Libra	Waage (astrolog.)
la armonía	Harmonie
horrorizar	mit Entsetzen erfüllen, schaudern lassen
rodearse	sich umgeben, um sich sammeln
indeciso/-a	unentschlossen
Escorpio	Skorpion (astrolog.)
apasionado/-a	leidenschaftlich
la resistencia	Widerstand
hacer caso	gehorchen, hören auf
Sagitario	Schütze (astrolog.)
amar	lieben
la aventura	Abenteuer
dual	dual, hier: zwiegespalten
la tendencia	Neigung, Hang
la comodidad	Bequemlichkeit
Capricornio	Skorpion (astrolog.)
ambicioso/-a	ehrgeizig
el sentido de deber	Pflichtbewusstsein
extremadamente	äußerst, extrem
Acuario	Wassermann (astrolog.)
el/la amante	Liebhaber/in
destacar	überragen, hervorstechen
vanguardista	avantgardistisch
conversador	gesellig
carecer de	nicht haben, ermangeln
el prejuicio	Vorurteil
Piscis	Fische (astrolog.)
espiritual	sprirituell
la hospitalidad	Gastfreundschaft
la generosidad	Großzügigkeit
el rasgo	Zug, Eigenart
valorar	bewerten

10

compatible	zusammenpassend, harmonisch

11

la virtud	Tugend, gute Eigenschaft
el defecto	Fehler, Mangel
extrovertido/-a	extrovertiert
amable	freundlich, liebenswürdig
generoso/-a	großzügig, freigebig
discreto/-a	verschwiegen, diskret

12

la definición	Definition; Begriffserklärung
tachar	(durch)streichen
definir	definieren, einen Begriff erklären

13

el perfil	Profil
incidir en	Auswirkungen haben, Einfluss nehmen auf
autoritario/-a	autoritär
la paciencia	Geduld

14

la pócima mágica	Zaubertrank

15

atentamente	aufmerksam, gründlich
físico/-a	körperlich, physisch
el autorretrato	Selbstporträt
escaso/-a	knapp, karg
el abdomen	Bauch, Unterleib
la suela	Sohle
la tez	Gesichtsfarbe, Teint
el cálculo	Rechnung
confuso/-a	konfus, verworren
tierno/-a	zart, sanft
inoxidable	rostfrei, nicht rostend
la marea	Ebbe und Flut
el maremoto	Seebeben
el administrador	Verwalter
el escarabajo	Käfer
el caminante	Wanderer
a perpetuidad	auf ewig
mudo/-a	stumm
el enemigo	Feind

entrometido/-a	eingemischt	**3**	
arrepentido/-a	bereuend	el contador de historias	Geschichtenerzähler
horrendo/-a	schrecklich	la madrina	Patentante
el navegante	Seefahrer	el bautismo	Taufe
el yerbatero	Kräutersammler	deberse a	zurückzuführen sein auf
investigador/-a	forschend	exponer	darlegen, erklären, vortragen
la cordillera	Gebirgskette		
incansable	unermüdlich	**4**	
la contestación	Antwort	incluso	selbst, sogar
ocurrente	einfallsreich	asegurar	versichern
vulgar	vulgär, gewöhnlich	silencioso/-a	still, ruhig
resplandeciente	strahlend, glänzend	el valor	Wert
el tigre	Ungeheuer, Tiger, Jaguar (am.)	las parejas de hecho	Beziehung ohne Trauschein
sosegado/-a	harmoniebedürftig, friedfertig	pareja homoparental	Eltern in einer gleichgeschlechtlichen Ehe
invisible	unsichtbar	la administración	Verwaltung
desordenado/-a	unordentlich, schlampig	defender (e>ie)	eintreten für
persistente	beharrlich, hartnäckig	residir	wohnen, leben, residieren
valiente	tapfer, kühn	vincular	verbinden, verknüpfen
la necesidad	Notwendigkeit	el lazo	Band; Schlinge, Schleife
el cobarde	Feigling	la sangre	Blut
cobarde	feige	político/-a	hier: verschwägert
el pecado	Sünde, Verfehlung	la concepción	Auffassung, Anschauung
soñoliento	schläfrig	válido/-a	gültig
la vocación	Berufung	caer en desuso	aus der Mode kommen, unmodern werden
el padecimiento	Leiden, Krankheit	justamente	gerade, genau
la maldición	Fluch, Verwünschung	salvar	retten
tonto de capirote	strohdumm	la exclusión	Ausschluss
incompatible	unvereinbar	la legislación	Gesetzgebung
		de hecho	in der Tat, tatsächlich
16		la media	Durchschnitt, Mittel
un mural	Wandzeitung, Wandbild	fértil	fruchtbar
incluir	einschließen, einfügen	la década	Dekade (=10 Jahre)
		el reemplazo	Austausch, Ersatz
Lección 2		demográfico/-a	demographisch, bevölkerungsstatistisch
hoy en día	heutzutage	estable	stabil
1		el censo	statistische Erhebung
tener una relación familiar	verwandt sein	el hogar	Haushalt, Heim
hipótesis	Hypothese, Annahme	el/la catedrático/-a	Professor/-in
la pipa	Pfeife	la contradicción	Widerspruch
la coleta	Pferdeschwanz	la indicación	Anzeichen
		parecerse	sich ähneln
2		sufrir	(er)leiden
la relación de parentesco	Verwandtschaftsverhältnis	reconstituido/-a	wieder hergestellt, neu gegründet
el parentesco	Verwandtschaft	las nupcias	Eheschließung, Hochzeit
unir a	verbinden, vereinen	la proporción	Proportion, Verhältnis
el/la cuñado/-a	Schwager/Schwägerin	el divorcio	Scheidung
el/la suegro/-a	Schwiegervater/~mutter	el/la divorciado/-a	Geschiedene/r
el yerno	Schwiegersohn	la estadística	Statistik
la nuera	Schwiegertochter	incrementarse	(an)steigen, sich erhöhen
el/la nieto/-a	Enkelkind	la tasa	Rate
		el matrimonio	Ehe
		5	
		reflejar	widerspiegeln, reflektieren

6

el pluriempleo	Mehrfachbeschäftigung
la labor	Arbeit
reconocer	anerkennen
la ocupación	Beschäftigung
remunerar	entlohnen, bezahlen

7

la entrevista	Interview
repartir	aufteilen
poner la lavadora	(Wäsche) waschen
desempeñar	ausüben
baja por maternidad	Mutterschutz, „Erziehungsurlaub"
otorgar	gewähren

8

tender (e>ie) la ropa	Wäsche aufhängen
limpiar los cristales	Fenster putzen
quitar el polvo	Staub putzen
pasar el aspirador	Staub saugen
barrer	fegen
regar las plantas	Blumen gießen
ambos	beide
mayoritariamente	mehrheitlich
conjunto/-a	zusammen
repeler	abstoßen, abweisen
la cantidad	Menge
el porcentaje	Prozentzahlen

10

célebre	berühmt, bekannt
bajar la basura	den Müll herunterbringen
los deberes	Schul-/Hausaufgaben
colgar el teléfono	(das Telefon) auflegen

11

el consultorio psicológico	psychologische Beratung
la consulta	(Arzt)Praxis, Sprechstunde
la pelea	Streit
el biberón	(Saug)Flasche
el chupete	Schnuller
fomentar	unterstützen, fördern
el cambio de actitud	Verhaltensänderung
recompensar	belohnen
responsabilizarse (z>c) de	verantwortlich sein für

12

plantear	angehen, aufwerfen

13

adicto/-a	süchtig, abhängig
el nido	Nest
el abandono	Verlassen
la sintonía	Übereinstimmung
el declive	Niedergang
la prolongación	Verlängerung

el alquiler	Miete
situarse	sich stellen, sich befinden
por encima de	oberhalb von, hier: jenseits
pretender	(er)streben, beanspruchen
a la vez	gleichzeitig
apañarse	sich abnabeln
el rito	Ritus, Ritual
el crecimiento	Wachstum
el estigma	Makel, Stigma
la natalidad	Geburtenrate
el demógrafo	Demograph
el relevo generacional	Generationswechsel

14

independizarse	sich selbstständig machen

Lección 3

1

¿A qué se dedican?	Was machen sie beruflich?
dedicarse a	tätig sein als, sich widmen
cobrar una carrera	eine Fahrt kassieren (Taxi)
la mascarilla	Gesichtsmaske
entrenar	trainieren
poner en marcha	in Gang setzen, anstellen
el taxímetro	der Taxameter
curar	kurieren, heilen
ensayar	proben, üben
recetar	verschreiben, verordnen
depilar	enthaaren
atender llamadas telefónicas	Telefongespräche entgegennehmen
investigar	untersuchen
producir (c>zc)	produzieren, hervorbringen
la satisfacción	Befriedigung

3

la guardia	Wache
sin plaza en propiedad	eine Aushilfsstelle haben
acudir al trabajo	zur Arbeit gehen
el sueldo	Gehalt
adorar	gut finden, verehren
pega	Haken, Tücke
el desgaste	Beanspruchung, Abnutzung
concretar	konkretisieren
el volante	Lenkrad
librar	frei nehmen
el día laborable	Werktag
acicalar	herausputzen, schniegeln
poner a punto	checken
tirando a bueno	etwa: wenn es gut läuft

descontar (o>ue)	abziehen	el riesgo	Risiko
autónomos	private Krankenversicherung	**8**	
la Hacienda	Steuerbehörde, Finanzamt	golpe de timón	Herumreißen des Steuerrads (hier: eine Wende im Leben)
amortizar	abbezahlen		
el gasóleo	Diesel	la trayectoria	Laufbahn, Werdegang
el seguro	Versicherung	el juez	Richter
firmar	unterschreiben, signieren	el fiscal	Staatsanwalt
monótono/-a	monoton	la bailarina	Tänzerin
el empleo	Beschäftigung, Job	posteriormente	nachträglich, nachher
ascender	aufsteigen	el ejecutivo	Manager
conformarse	sich zufrieden geben, begnügen	el estilista de interiores	Raumstylist
		la dirección de empresa	Unternehmensführung
la inercia	Trägheit	la masajista	Masseurin
el funcionario	Beamter	la naturopatía	Naturheilkunde
la fijeza en empleo	Arbeitsplatzsicherheit	el quiromasaje	Chiromassage
el curso de formación	Fortbildungskurs	la vocación	Berufung
esforzarse (o>ue)	sich bemühen	reconocer	zugestehen, einräumen
aumentar	aufsteigen	la corriente	Strom, Fluss
la categoría profesional	Dienstrang	el espíritu viajero	Reiselust
		admirar	bewundern
6		la valía	Wert, Größe
llevar a cabo	zu Ende bringen	asumir	übernehmen, auf sich nehmen
plenamente	völlig		
el pilar	Säule	el abogado	Rechtsanwalt
proporcionar	beschaffen, besorgen	atrapado/-a	gefangen
considerar	betrachten als, halten für	gratificante	befriedigend
escoger	auswählen	la valentía	Mut, Tapferkeit
inmenso/-a	immens, überwältigend	la recompensa	Belohnung
la obligación	Verpflichtung	atreverse	sich trauen, wagen
ni siquiera	nicht einmal	condicionar	bedingen, abhängig machen
atisbar	erspähen		
un giro	Wende, Drehung	engañarse	sich etwas vormachen
la trayectoria	Laufbahn, Werdegang	amargado/-a	verbittert
la ilusión	Hoffnung	escaparse	fliehen, entkommen
la precariedad	Unsicherheit, Ungewissheit	optar	wählen, sich entscheiden
		encargado/-a	betraut, beauftragt mit
la piedra	Stein	el quiosco	Kiosk, Verkaufsstand
ser capaz	fähig, in der Lage sein	a diario	täglich
el reto	Herausforderung	la autoestima	Selbstwertgefühl
anteponer	den Vorrang geben	imprescindible	unentbehrlich, unbedingt erforderlich
la responsabilidad	Verantwortung		
imponer	auferlegen, aufzwingen	obligar	verpflichten, zwingen
rígido/-a	starr	convertirse en madre	Mutter werden
aun así	(aber) trotzdem	reportar	einbringen, mit sich bringen
dar oficio y beneficio	etwa: „goldenen Boden geben"		
		sufrir un trauma	ein Trauma/seelische Erschütterung erleiden, erfahren, erleiden
transmitir	übermitteln, übertragen		
la alegría	Freude	experimentar	
valorar	wertschätzen	la consecuencia	Konsequenz, Folge
la estabilidad	Stabilität	el suceso	Ereignis, Vorfall
obstaculizar (z>c)	behindern, im Wege stehen	afectar	schädigen, angreifen
		el embarazo	Schwangerschaft
		la sugerencia	Vorschlag, Anregung
7		el detonante	Sprengstoff
indispensable	unerlässlich, unabdingbar	la separación	Trennung
		la medicina complementaria	alternative Medizin
agradable	angenehm, gemütlich		

el compromiso	Verpflichtung
sobrevivir	überleben
satisfacer	befriedigen
competitivo/-a	konkurrenzfähig
el sufrimiento	Leiden
la clave	Lösung, Schlüssel
la fuerza	Kraft, Stärke
la voluntad	Wille
matar	töten

10

el periodismo	Journalismus
la inseguridad	Unsicherheit
madrugar	(bei Tagesanbruch) aufstehen
la enseñanza	Lehren
la actriz	Schauspielerin
el/la redactor/a de noticias	Nachrichtenredakteur/in
entrevistar	interviewen, befragen

11

vocacional	aus Berufung

13

la tregua	Waffenstillstand
la jubilación	Ruhestand, Pensionierung
afectuoso/-a	liebevoll, zärtlich
benévolo/-a	wohlgesinnt
el obrero municipal	städtischer Arbeiter
el césped	Rasen
la parsimonia	Ruhe, Bedächtigkeit
el impulso	Antrieb, innere Regung
gastar	aufwenden, investieren
el mozo de café	Kellner
memorioso/-a	„gedächtnisstark"
el asidero mental	„Eselsbrücke"
el pedido	Bestellung
formidable	großartig
entretenido/-a	unterhaltsam, lustig
potencial	leistungsstark, ergiebig
la planilla	Formular
la obra de arte	Kunstwerk
escudriñar	untersuchen, unter die Lupe nehmen
allá	dort
la amargura	Verbitterung
precipitarse	(hinab)stürzen
atraer	anziehen

15

el/la trapecista	Trapezkünstler/in
el rey	König
la reina	Königin
el/la inventor/a	Erfinder/in
el/la mago/-a	Zauberer/in
el/la cartero/-a	Briefträger/in
el/la buceador/a	Taucher/in
asaltar	stürmen, überfallen

16

el lema	Motto, Thema
hallarse	sein, sich befinden

Lección 4

1

el pulpo	Oktopus
el percebe	Entenmuschel
el caracol	Schnecke
el nopal	Nopal, Feigenkaktus

4

el olor	Geruch
el sabor	Geschmack

5

insoportable	unerträglich
huir de	fliehen, flüchten vor
de cada cual	von jedem einzelnen
la popularidad	Popularität, Beliebtheit
oler (>hue..)	riechen, duften
el rato	Weile, Augenblick
el/la detractor/-a	Verleumder/in, Lästerer/in
el bulbo	Knolle, (Blumen)Zwiebel
consustancial	eigen, hier: besondere
la Provenza	Provence (franz. Region)
el exceso	Übermaß, Zuviel
francamente	offen, freiheraus
salvo	außer
al ajillo	mit Knoblauch gebraten
la precaución	Vorsicht
la sabiduría	Klugheit, Weisheit
la picardía	Witz, Pfiff
plano/-a	flach
anodino/-a	nichtssagend, fade
negar (e>ie)	bestreiten, leugnen
el tufo	Geruch, Gestank
la inquina	Abneigung
increpar	tadeln, rügen
el villano	Bauer
el griego	Grieche
apreciar	schätzen, achten
en contraposición a	im Gegensatz zu
el egipcio	Ägypter
la liliácea	Liliengewächs
inocuo/-a	unschädlich
insípido/-a	fade, geschmacklos
el pollo de granja	etwa: Käfighuhn
el pollo de corral	etwa: freilaufendes Huhn
salpimentar	mit Salz und Pfeffer würzen
unas cuantas hierbas	einige, ein paar Kräuter
la ramita	Sträußchen
el romero	Rosmarin
el tomillo	Thymian
el perejil	Petersilie

el apio	Sellerie	**Lección 5**	
el diente de ajo	Knoblauchzehe	**1**	
pelar	schälen		
recio/-a	stark, kräftig	la ganga	Schnäppchen
el sentido del olfato	Geruchssinn	regatear	handeln, feilschen
defender (e>ie)	verteidigen	el monedero	Geldbörse
		el carro de la compra	Einkaufstasche auf Rollen
7		hacer cola	Schlange stehen
la torrija	„armer Ritter" (gastr.)	burlarse de	sich lustig machen über
la rebanada de pan	Brotscheibe	el turno	Reihe(nfolge)
freír (e>ie)	braten, frittieren	el invento	Erfindung
dorado/-a	hier: goldgelb gebräunt	descambiar	umtauschen
hervir (e>i)	kochen, sieden		
retirar	zurückziehen	**2**	
el fuego	Feuer, Kochstelle	íntimamente	eng
reposar	(aus)ruhen	ligado/-a	verbunden
templado/-a	lau(warm)	marcar	kennzeichnen
empapar	durchnässen, eintauchen, tunken	la aparición	Erscheinen, Auftritt
		la gran superficie	hier: Einkaufszentrum; "ShoppingMall"
la fuente	Schüssel, Platte	la autopista	Autobahn
espolvorear	bestäuben	urbano/-a	städtisch
la canela	Zimt	hacia atrás	zurück
2 cm de grosor	2 cm dick	el domicilio	Wohnung, Heim
el borde	and	desplazarse (c>z)	hier: sich entfernen, weggehen
el cazo	(Stiel)Topf		
la corteza de limón	Zitronenschale	cargar	tragen, mitnehmen
la espumadera	Schaumlöffel	el carro de la compra	Einkaufswagen
escurrir	abtropfen	el aumento	Zunahme, Steigerung
la sartén	Bratpfanne	el peso	Gewicht
batir	schlagen	el tamaño	Größe
la paellera	Paellapfanne	adaptar	anpassen
el sacacorchos	Korkenzieher	el maletero	Kofferraum
el abrelatas	Dosenöffner	el concepto de distancia	etwa: Frage der Entfernung
el escurridor	Sieb		
la ensaladera	Salatschüssel	la proliferación	Zunahme, Verbreitung
la fuente	Schüssel	el reclamo	Lockvogel, Lockruf
la olla	großer Topf	poderoso/-a	mächtig
el rodillo	Nudelholz	la presión	Druck
el cuenco	Schälchen	el comercio fijo	stationärer Handel
la batidora	elektr. Rührgerät, Mixer	permanecer	bleiben, verbleiben
		vinculado/-a	verbunden
8		provenir	herkommen
rallar	reiben, raspeln	la medida	Maß, Ausmaß
asar	braten	indisolublemente	unlöslich
condimentar	würzen		
amasar	kneten	**3**	
		contraponer	vergleichen, gegenüberstellen
9			
pesar	(ab)wiegen	generalizar	verallgemeinern, generalisieren
10			
elaborar	herstellen, anfertigen	**5**	
mientras tanto	inzwischen, in der Zwischenzeit	ampliar	verlängern, vergrößern
		la unanimidad	Anonymität
12		la chorradilla	Unsinn, Unfug
el manjar	Speise, Delikatesse	la cigüeña	Storch
		el reparto	Zustellung, Auslieferung
		la colonia	Kölnisch Wasser

W5

cursi	geschmacklos, kitschig	la pizarra	(Wand)Tafel
merecido/-a	verdient	detalladamente	ausführlich, detailliert
recuperar	wiedererlangen, zurückgewinnen		

el mando a distancia — Fernbedienung

Lección 6

7

el acontecimiento	Ereignis
relatar	erzählen
el sentimiento	Gefühl

2

la fe	Hoffnung
esconder	verbergen, verstecken
la llaga	Wunde
sabroso/-a	schmackhaft, wohlschmeckend

9

esférico/-a	kugelförmig
alargado/-a	länglich
aplastado/-a	zerquetscht
abombado/-a	gewölbt
puntiagudo/-a	spitz
el acero	Stahl
el cristal	Glas, Kristall
el hierro	Eisen
la plata	Silber
el oro	Gold

el veneno	Gift
deleitable	köstlich, wonnevoll
la dolencia	Leiden
el tormento	Qual
fiero/-a	grausam, stark
la herida	Wunde
blando/-a	mild, nachsichtig, weich

4

la química	Chemie
las palpitaciones	Herzklopfen
la sudoración	Schwitzen
la ruptura	Abbruch
el cerebro	Gehirn
liberar	freisetzen
la anfetamina	Amphetamin (= Aufputschmittel)
la lucidez	Klarheit
extinguir	auslöschen, unterdrücken
el enamoramiento	Verliebtheit
derrumbarse	einstürzen, hier: absinken
el ansia / las ansias	Verlangen, Sehnsucht
el coqueteo	Flirten, Kokettieren
el psicólogo conductista	Verhaltensforscher
indicativo	anzeigend, bezeichnend
la disposición	Bereitschaft
ecuménico/-a	ökumenisch
sostener	(fest)halten
luminoso/-a	strahlend, hell
beatífico/-a	(glück)selig
ruborizado/-a	schamrot
el tocamiento	Berührung
leve	leicht, harmlos
el núcleo	Kern, Zentrum
la hipófisis	Hypophyse (med. Gehirnanhang)
acelerarse	beschleunigen, hier: schneller schlagen
desfallecer	zusammenklappen, ~brechen
marearse	schwindlig werden
desmayarse	in Ohnmacht fallen
proclive	geneigt
el flechazo	Pfeilschuss, „Liebe auf den ersten Blick"

10

señalar	kennzeichnen, markieren
la antigüedad	Antiquität
el edredón	Federbett, Steppdecke
sin estrenar	ungetragen, unbenutzt
el azulejo	Fliese, Kachel
la persiana	Jalousie
la alfombra	Teppich
el techo	(Zimmer)Decke
el aspa / las aspas	Flügel
la vajilla	Geschirr
el juego de café	Kaffeeservice
el cobalto	Kobalt
el filo de oro	Goldlinie
el embalaje	Verpackung
el reloj de pulsera	Armbanduhr
la esfera	Ziffernblatt
el cronómetro	Stoppuhr
impecable	makellos
la gasa	Gaze
la cola	Schleppe
el escote	Dekolltee, Ausschnitt
el cancán	(Cancan)Unterrock
embalado/-a	verpackt
el anillo	Ring
el quilate	Karat
la esmeralda	Smaragd
la dirección asistida	Servolenkung
el elevalunas	Fensterheber
el cierre centralizado	Zentralverriegelung
el inconveniente	Nachteil, Schwachstelle

11

desprenderse de	weggeben
quitarse algo de encima	etwas loswerden

la cita	Verabredung, Treffen
selectivo/-a	hier: wählerisch
sucumbir	erliegen, besiegt werden
ipso facto (lat.)	unmittelbar
el temblor	Zittern, Schauder
flirtear	flirten
disminuir	verringern, vermindern

6

insalvable	unüberwindbar

7

la hermosura	Schönheit
sobrehumano/-a	übermenschlich
la belleza	Schönheit, schöne Frau
el cabello	Haar
campos elíseos	„elysische (wonnevolle) Gefilde"
la ceja	Augenbraue
el arco	Bogen
el alabastro	Alabaster
el cuello	Hals
el mármol	Marmor
el pecho	Brust
el marfil	Elfenbein
la blancura	Weiße
encubrir	verdecken, verbergen
la honestidad	Anständigkeit, Ehrlichkeit
encarecer	hervorheben, betonen

8

renacentista	Renaissance-

9

la Cenicienta	Aschenputtel
irrumpir	eindringen, einbrechen
el dúplex	Maison(n)ette, (zweigesch. Wohnung)
la sirvienta	Dienstmädchen
la solterona	Junggesellin, alte Jungfer
cincuentón/-ona	Person in den Fünfzigern
la gordura	Korpulenz, Fettleibigkeit
pecoso/-a	sommersprossig
el rostro	Gesicht
velado/-a	verschleiert
la mata de pelo	„Haarmatte"
la pierna ortopédica	Beinprothese
fallecer	versterben
la celebridad	Berühmtheit
al margen	abseits, hier: abgesehen von
rebelde	rebellisch
navegar	navigieren
el rumbo	Fahrtrichtung, Kurs
el chillido	Kreischen
la ama	Herrin, Besitzerin
adinerado/-a	vermögend
arruinar	ruinieren
la liposucción	Fettabsaugung
la infinidad	Unendlichkeit
el obstáculo	Hindernis
surgir	auftauchen
el pretendiente	Bewerber

10

el ronquido	Schnarchen
el esfuerzo	Anstrengung
en vano	vergeblich, umsonst
decepcionado/-a	enttäuscht
el abismo	Abgrund, Hölle
el rímel	Wimperntusche, Mascara
el tinte	Farbe, Färbung
invernal	winterlich, Winter-
sacar brillo al brillo	auf Hochglanz polieren
el timbre	Klingel
apresurarse	sich beeilen
el portero	Pförtner
su excelencia	seine Exzellenz
el alcalde	Bürgermeister
la soltera	Junggesellin, unverheiratete Frau
conceder	gewähren, zugestehen
gratuitamente	gratis, kostenlos
la Tarifa Plana	"Flatrate" (Tarif für das Internet)
Telefónica	(spanische Telefongesellschaft)
el acceso	Zugang
chatear	(im Internet) chatten
la marquesa	Markgräfin, Marquise
la conexión	Verbindung
la cuenta	Konto; hier: E-Mail-Adresse
bajarse	hier: sich herunterladen
agregarse	sich anschließen
estallar	losbrechen
parar a	aufhören zu
romper a	loslegen, ausbrechen
reír a carcajadas	aus vollem Hals lachen
dar ánimo	aufmuntern
gimotear	schluchzen
rebosante	überquellend, übervoll
canturrear	trällern
cibernáutico/-a	„im Internet"
el gusanillo	Würmchen
invadir	eindringen
la criada	Hausmädchen
hallar	herausfinden
solicitar	beantragen, ersuchen
escaso/-a	spärlich, gering
atónito/-a	verblüfft, sprachlos
la pista	Fährte, Spur
jamás	nie, niemals
escapar	entkommen, entwischen
el/la guardaespaldas	Leibwächter/in
la dueña	Besitzerin
la contraseña	Passwort

la desesperación	Verzweiflung	desatar	auslösen, entfesseln
casualmente	zufällig(erweise)	la ejecución	Durchführung
portátil	tragbar	judicial	Gerichts-, richterlich
disparado/-a	blitzschnell	los okupas	Besetzer
el escondite	Versteck, Schlupfwinkel	colindante	angrenzend
el ratón	Maus	el alcance	Reichweite
el ático	Dachboden	el efectivo antidisturbio	Polizist
enrojecer	rot werden	detener	verhaften
el mensajero	Bote		
agotado/-a	erschöpft, abgespannt	**10**	
firme	fest	secuestrar	entführen
cortante	schneidend	la huelga	Streik
		11	
Lección 7		sospechar	verdächtigen
2			
estimar	schätzen	**Lección 8**	
atender a la pantalla	dem Bildschirm sitzen	**2**	
la pantalla	Bildschirm	la pista	Spur, Fährte
		tutearse	sich duzen
3		el tuteo	Duzen
la adicción	Sucht, Abhängigkeit	prestar un servicio	einen Dienst leisten
revelar	enthüllen	el interlocutor	Gesprächspartner
el usuario	(Be)Nutzer	salvo que (+subj.)	es sei denn, dass
enfermizo/-a	krankhaft		
navegar por Internet	im Internet surfen	**4**	
descuidar	vernachlässigen	el distintivo	Merkmal
la ansiedad	Angst, Beklemmung	la riada	Hochwasser, hier: Flut
el/la internauta	Internetsurfer/in	el inicio	Anfang
la ludopatía	Spielsucht	el derrumbamiento	Zusammenbruch
el prestigio	Prestige, Ansehen	el concepto	Begriff, Auffassung
supuesto/-a	vermutlich, angeblich	exaltar	verherrlichen, preisen
escaso/-a	spärlich, gering	el súbdito	Untergebener, Untertan
el trastorno	Störung	el convencionalismo	Konvention,
establecer	aufnehmen, aufbauen		Schicklichkeit
ansioso/-a	unruhig	minar	untergraben,
esquivar	vermeiden, ausweichen		unterhöhlen
inmediato/-a	unverzüglich, sofortig	entrañable	innig, herzlich
enganchar	einhaken, einschalten	difunto/-a	verstorben, verschieden
	(hier: fixiert sein auf)	la excelencia	Vorzüglichkeit,
6			Auserlesenheit
la revista de divulgación	populärwissenschaftliche	modular	modulieren
	Zeitschrift	desconocer (c>zc)	aberkennen, nicht wissen
		el maestro	Meister
8		despreciar	verachten,
intoxicar	vergiften		gering schätzen
el detenido	Verhafteter, Häftling	venerar	verehren
el desalojo	Räumung	antaño	einst, früher
la ciruela	Pflaume	los cánones	Vorschriften, Maßstäbe
la vergüenza	Scham	la franqueza	Offenheit, Aufrichtigkeit
el tardón	Trödler	la desazón	Unbehagen
aliñar	anrichten, zubereiten	el desconcierto	Desorientierung,
la gastroenteritis	Magen-Darmentzündung		Verlorenheit
sospechoso/-a	verdächtig	negar (e>ie)	verneinen, negieren
sustraer	stehlen, entwenden	sobrepasar	überschreiten
golpear	schlagen, verprügeln	renunciar	verzichten
maniatar	an den Händen fesseln	saltar	(über)springen
el vigilante	Wächter		

ensancharse	sich breit machen
acontecer (c>zc)	geschehen, sich ereignen
el parangón	Entsprechung, Vergleich
la exigencia	Forderung, Anspruch

5
respectivo/-a	betreffend, bezüglich
la tabla	Tabelle

6
la plata	Geld (argent.)
el carro	Auto (in LA)
manejar	Auto fahren
la palta	Avocado
las papas	Kartoffeln (in LA)

8
el spanglish	„spanisch-englisch" in den USA
vacunar la carpeta	den Teppich saugen (spanglish)
taipear	tippen (spanglish)
el rufo del bildin	Gebäudedach (spanglish)
el vigor	Kraft, Stärke
rondar	umkreisen, die Runde machen
encaminarse hacia	sich begeben, aufmachen zu/nach
el/la transeúnte	Passant/in
desgastar	verbrauchen, verschleissen
septentrional	nördlich
bullir de vida	voller Leben sein
bullir	sprudeln, sich tummeln
indagar	ermitteln, nachspüren
arrancar	starten; herausreißen
sustancioso/-a	gehaltvoll
recabar	sich bemühen um
la algarabía	Gezeter, Geschrei
salpicar	würzen, schmücken
el impuesto sobre la renta	Einkommensteuer
el disparate	Unsinn, Quatsch
el alcalde	Bürgermeister

9
la esencia	Wesen, Natur, Essenz
la dignidad	Würde
la física	Physik
la metafísica	Metaphysik
literatura comparada	vergleichende Literaturwissenschaft
el híbrido	Hybride
agregar	hinzufügen
anglosajón	angelsächsisch
erróneamente	falsch
arrebatar	entreißen

10
el estrado	Podium
la autoprotección	Selbstschutz
abusar	missbrauchen
la prepotencia	Arroganz, Überheblichkeit

11
meterse al público en el bolsillo	„das Publikum in die Tasche stecken"
el auditorio	Zuhörerschaft
la exposición	Ausführung
impactante	beeindruckend
lanzar	lancieren, (gezielt in die Öffentlichkeit bringen)
la vivencia	Erlebnis
enfatizar	betonen, verstärken
citar	zitieren, anführen
el testimonio	Zeuge
exagerar	übertreiben
la retención	Behalten
la intervención	Vermittlung
el titubeo	Schwanken, Zaudern
despavorido/-a	angsterfüllt, entsetzt
denotar	bedeuten
sustituir	ersetzen
suavizar	geschmeidig, weich machen
abundante	reichhaltig, reichlich
la digestión	Verdauung
el orador	Redner
ir al grano	zur Sache kommen

12
el discurso	Rede, Ansprache
la anécdota	Anekdote
la peculiaridad	Besonderheit

Alphabetisches Wörterverzeichnis

Die erste Zahl (fett) gibt die Nummer der Lektion an, die zweite Zahl den Lernschritt.

a cabo 3 6
a cuestas 1 6
a diario 3 8
a la vez 2 13
a perpetuidad 1 15
abandono 2 13
abdomen 1 15
abismo 6 10
abogado 3 8
abombado/-a 5 9
abrelatas 4 7
abreviado/-a 1 4
abundante 8 11
abusar 8 10
acarrear 1 6
acceso 6 10
acelerarse 6 4
acero 5 9
acicalar 3 3
acontecer 8 4
acontecimiento 5 7
actriz 3 10
actualmente 1 4
Acuario 1 9
acudir al trabajo 3 3
acuerdo 1 8
adaptar 5 2
adicción 7 3
adicto/-a 2 13
adinerado/-a 6 9
administración 2 4
administrador 1 15
admirar 3 8
adorar 3 3
afán 1 9
afectar 1 6, 3 8
afectuoso/-a 3 13
agobio 1 6
agotado/-a 6 10
agradable 3 7
agregar 8 9
agregarse 6 10
al ajillo 4 5
al margen 6 9
alabastro 6 7
alargado/-a 5 9
alcalde 6 10
alcance 7 8
alegría 3 6
alfombra 5 10
algarabía 8 8

aliciente 1 6
aliñar 7 8
allá 3 13
alma 1 8
alquiler 2 13
ama 6 9
amable 1 11
amante 1 9
amar 1 9
amargado/-a 3 8
amargura 3 13
amasar 4 8
ambicioso/-a 1 9
ambos 2 8
amortizar 3 3
ampliar 5 5
anécdota 8 12
anfetamina 6 4
ángel 1 6
anglosajón 8 9
anillo 5 10
anodino/-a 4 5
ansia 6 4
ansiedad 7 3
ansioso/-a 7 3
antaño 8 4
anteponer 3 6
antigüedad 5 10
apañarse 2 13
aparición 5 2
apasionado/-a 1 9
apenas 1 6
apio 4 5
aplastado/-a 5 9
aportar 1 6
apreciar 4 5
apresurarse 6 10
arco 6 7
Aries 1 9
arrancar 8 8
arrebatar 8 9
arrepentido/-a 1 15
arruinar 6 9
asaltar 3 15
asar 4 8
ascender 3 3
asegurar 2 4
asidero 3 13
aspa 5 10
asumir 3 8
asustarse 1 9

atender 3 1
atender a la pantalla 7 2
atentamente 1 15
ático 6 10
atisbar 3 6
atónito/-a 6 10
atracción 1 6
atraer 3 13
atrapado/-a 3 8
atreverse 3 8
auditorio 8 11
aumentar 3 3
aumento 5 2
aun así 3 6
autoestima 3 8
autónomos 3 3
autopista 5 2
autoprotección 8 10
autorretrato 1 15
autoritario/-a 1 13
aventura 1 9
aventurero/-a 1 9
azulejo 5 10
bailarina 3 8
bajar la basura 2 10
bajarse 6 10
bajo por maternidad 2 7
barrer 2 8
batidora 4 7
batir 4 7
bautismo 2 3
beatífico/-a 6 4
belleza 6 7
benévolo/-a 3 13
biberón 2 11
blancura 6 7
blando/-a 6 2
bol 4 10
borde 4 7
buceador/a 3 15
bulbo 4 5
bullir 8 8
burlarse de 5 1
cabello 6 7
cabezota 1 9
caer en desuso 2 4
cálculo 1 15
cambiarse de nombre 1 4
cambio de actitud 2 11
caminante 1 15
campos elíseos 6 7
cancán 5 10
Cáncer 1 9
canela 4 7
cánones 8 4
cantidad 2 8

canturrear 6 10
Capricornio 1 9
caracol 4 1
carecer de 1 9
carga 1 6
cargar 5 2
cariñoso/-a 1 9
carro 8 6
carro de la compra 5 1
cartero/-a 3 15
casualmente 6 10
catedrático/-a 2 4
categoría profesional 3 3
cazo 4 7
ceja 6 7
célebre 2 10
celebridad 6 9
Cenicienta 6 9
censo 2 4
cerebro 6 4
césped 3 13
chatear 6 10
chillido 6 9
chorradilla 5 5
chupete 2 11
cibernautico/-a 6 10
cigüeña 5 5
cincuentón/-a 6 9
ciruela 7 8
cita 6 4
citar 8 11
clave 3 8
cobalto 5 10
cobarde 1 15
cobrar una carrera 3 1
cola 5 10
coleccionar 1 1
coleta 2 1
colgar el teléfono 2 10
colindante 7 8
colonia 5 5
comercio fijo de barrio 5 2
comodidad 1 9
comparación 1 7
compatible 1 10
competitivo/-a 3 8
compromiso 3 8
conceder 6 10
concepción 2 4
concepto 8 4
concepto de distancia 5 2
concretar 3 3
condicionar 3 8
condimentar 4 8
conformarse 3 3
confuso/-a 1 15

conjunto/-a 2 8
consecuencia 3 8
conservador 1 9
considerar 3 6
considerarse 1 6
consulta 2 11
consultorio psicológico 2 11
consustancial 4 5
contador de historias 2 3
contestación 1 15
contradicción 2 4
contraponer 5 3
convencionalismo 8 4
conversador 1 9
convertirse en madre 3 8
coqueteo 6 4
corazón 1 9
cordillera 1 15
corriente 3 8
cortante 6 10
corteza de limón 4 7
crecer (-zc-) 1 6
crecimiento 2 13
criada 6 10
cristal 5 9
cronómetro 5 10
cuello 6 7
cuenco 4 7
cuenta 6 10
cuñado/-a 2 2
curar 3 1
cursi 5 5
curso de formación 3 3
cuyo/-a 1 6
dar ánimo 6 10
dar oficio y beneficio 3 6
de cada cual 4 5
de grosor 4 7
de hecho 2 4
deberse 2 3
década 2 4
declive 2 13
dedicarse a 3 1
defecto 1 11
defender (e>ie) 2 4, 4 5
definición 1 12
definir 1 12
definitivo/-a 1 8
deleitable 6 2
demógrafo 2 13
denotar 8 11
depilar 3 1
derrumbamiento 8 4
derrumbarse 6 4
desacuerdo 1 8
desalojo 7 8
desarrollar 2 6
desatar 7 8
desazón 8 4

descambiar 5 1
descepcionado/-a 6 10
desconcierto 8 4
desconocer (c>zc) 8 4
descontar (o>ue) 3 3
descuidar 7 3
desempeñar 2 7
desesperación 6 10
desfallecer 6 4
desgastar 8 8
desgaste 3 3
desmayarse 6 4
desordenado/-a 1 15
despavorido/-a 8 11
desplazarse 5 2
despreciar 8 4
desprenderse de 5 11
destacar 1 9
detalladamente 5 11
detener 7 8
detenido 7 8
detonante 3 8
detractor 4 5
devolver (o>ue) 1 1
día laborable 3 3
diente de ajo 4 5
difunto/-a 8 4
digestión 8 11
dignidad 8 9
dinastía 1 6
dirección asistida 5 10
dirección de empresa 3 8
discreto/-a 1 11
discurso 8 12
disminuir 6 4
disparar 6 10
disparate 8 8
disposición 6 4
distintivo 8 4
divorciado/-a 2 4
divorcio 2 4
dolencia 6 2
domicilio 5 2
dorado/-a 4 7
dual 1 9
dueña 6 10
dúplex 6 9
ecuménico/-a 6 4
edredón 5 10
efectivo antidisturbio 7 8
egipcio 4 5
ejecución 7 8
ejecutivo 3 8
ejercer 1 6
elaborar 4 10
elección 1 6
elevalunas 5 10
embalado/-a 5 10
embalaje 5 10

embarazo 3 8
empapar 4 7
empleo 3 3
en contraposición a 4 5
en el fondo 1 9
en la actualidad 1 4
en sintonía 2 13
en vano 6 10
enamoramiento 6 4
encaminar 8 8
encarecer 6 7
encargado/-a 3 8
encubrir 6 7
enemigo 1 15
enfatizar 8 11
enfermizo/-a 7 3
enfrentarse a 1 6
engañarse 3 8
enganchar 7 3
enrojecer 6 10
ensaladera 4 7
ensancharse 8 4
ensayar 3 1
enseñanza 3 10
entorno 1 6
entrañable 8 4
entregar 1 1
entrenar 3 1
entretenido/-a 3 13
entrevista 2 7
entrevistar 3 10
entrometido 1 15
época 1 4
erróneamente 8 9
escapar 6 10
escaparse 3 8
escarabajo 1 15
escaso/-a 1 15, 7 3
escenario 1 6
escoger 3 6
escolar 1 6
esconder 6 2
escondite 6 10
Escorpio 1 9
escote 5 10
escudriñar 3 13
escurridor 4 7
escurrir 4 7
esencia 8 9
esfera 5 10
esférico/-a 5 9
esforzarse (o>ue) 3 3
esfuerzo 6 10
esmeralda 5 10
espíritu viajero 3 8
espiritual 1 9
espolvorear 4 7
espumadera 4 7
esquivar 7 3

estabilidad 3 6
estable 2 4
establecer 7 3
estadística 2 4
estallar 6 10
estigma 2 13
estilista de interiores 3 8
estimar 7 2
estrado 8 10
estrafalario/-a 1 6
Euskadi 1 6
exagerar 8 11
exaltar 8 4
excelencia 6 10
exceso 4 5
exclusión 2 4
exigencia 8 4
experimentar 3 8
exponer 2 3
exposición 8 11
expresar 1 7
extinguir 6 4
extracción social 1 6
extremadamente 1 9
extrovertido/-a 1 11
fácilmente 1 9
fallecer 6 9
fe 6 2
felicidad 1 6
feniletilamina 6 4
fértil 2 4
fiable 1 8
fiero/-a 6 2
fijeza en empleo 3 3
filo 5 10
firmar 3 3
firme 6 10
fiscal 3 8
física 8 9
físico/-a 1 15
flechazo 6 4
flirtear 6 4
fomentar 2 11
formación de la
  personalidad 1 6
formidable 3 13
francamente 4 5
franqueza 8 4
franquismo 1 4
freír (e>ie) 4 7
fuego 4 7
fuente 1 4, 4 7
fuerza 5 2
funcionario 3 3
ganga 5 1
gasóleo 3 3
gastar 3 13
gastroenteritis 7 8
gasa 5 10

Géminis **1** 9
generalizar **5** 3
generosidad **1** 9
generoso/-a **1** 11
gimotear **6** 10
giro **3** 6
globalización **1** 6
golpe de timón **3** 8
golpear **7** 8
gordura **6** 9
grande superficie **5** 2
gratificante **3** 8
gratuitamente **6** 10
griego **4** 5
guardaespaldas **6** 10
guardia **3** 3
gusanillo **6** 10
habitual **1** 4
hacer caso **1** 9
hacer cola **5** 1
hacer daño **1** 9
hacia atrás **5** 2
Hacienda **3** 3
hallar **6** 10
hallarse **3** 16
hecho **1** 6
herida **6** 2
hermosura **6** 7
hervir (e>i) **4** 7
híbrido **8** 9
hierro **5** 9
hipófisis **6** 4
hipotálamo **6** 4
hipótesis **2** 1
hogar **2** 4
homoparentales **2** 4
honestidad **6** 7
horrendo/-a **1** 15
horrorizar **1** 9
hospitalidad **1** 9
hoy en día **2** 3
huelga **7** 10
huir **4** 5
ilusión **3** 6
impactante **8** 11
impecable **5** 10
imponer **3** 6
imprescindible **3** 8
impuesto sobre la renta **8** 8
impulso **3** 13
incansable **1** 15
incidir en **1** 13
incluir **1** 16
incluso **2** 4
incompatible **1** 15
inconstante **1** 9
inconveniente **5** 10
incrementarse **2** 4

increpar **4** 5
indagar **8** 8
indeciso/-a **1** 9
independizarse **2** 14
indispensable **3** 7
indicación **2** 4
indicativo **6** 4
indiscutible **1** 6
indisolublemente **5** 2
individualizar **1** 6
individuo **1** 6
inercia **3** 3
infinidad **6** 9
ingreso **1** 6
inicio **8** 4
inmediato/-a **7** 3
inmenso/-a **3** 6
inocuo **4** 5
inoxidable **1** 15
inquieto/-a **1** 9
inquina **4** 5
insalvable **6** 6
inseguridad **3** 10
insípido **4** 5
insoportable **4** 5
interlocutor **8** 2
internauta **7** 3
intervención **8** 11
íntimamente **5** 2
intoxicar **7** 8
invadir **6** 10
invento **5** 1
inventor/a **3** 15
invernal **6** 10
investigador/a **1** 15
investigar **3** 1
invisible **1** 15
ipso facto **6** 4
ir al grano **8** 11
irrumpir **6** 9
jamás **6** 10
jubilación **3** 13
judicial **7** 8
juego de café **5** 10
juez **3** 8
justamente **2** 4
armonía **1** 9
conexión **6** 10
contraseña **6** 10
paciencia **1** 13
pócima mágica **1** 14
virtud **1** 11
labor **2** 6
lanzar **8** 11
lazo **2** 4
legislación **2** 4
lema **3** 16
Leo **1** 9
leve **6** 4

liberar **6** 4
libertad **1** 4
Libra **1** 9
librar **3** 3
ligado/-a **5** 2
liliácea **4** 5
limpiar los cristales **2** 8
liposucción **6** 9
literatura comparada **8** 9
llaga **6** 2
los deberes **2** 10
lucidez **6** 4
ludopatía **7** 3
luminoso/-a **6** 4
madrina **2** 3
madrugar **3** 10
maestro **8** 4
mago/-a **3** 15
maldición **1** 15
maletero **5** 2
mandar **1** 9
mando a distancia **5** 5
manejar **8** 6
manera **1** 6
maniatar **7** 8
manjar **4** 12
mantener **1** 6
marcar **5** 2
marearse **6** 4
maremoto **1** 15
marfil **6** 7
mármol **6** 7
marquesa **6** 10
masajista **3** 8
mascarilla **3** 1
mata de pelo **6** 9
matar **3** 8
matrimonio **2** 4
mayoritariamente **2** 8
media **2** 4
medicina complementaria **3** 8
medida **5** 2
memorioso/-a **3** 13
mensajero **6** 10
merecido/-a **5** 5
metafísica **8** 9
meterse al público en el bolsillo **8** 11
metódico/-a **1** 9
mientras tanto **4** 10
minar **8** 4
modular **8** 4
monedero **5** 1
monótono/-a **3** 3
mostrar **1** 8
motivador/-a **1** 6
moverse (o>ue) **1** 1
mozo de café **3** 13

mudo/-a **1** 15
mural **1** 16
natalidad **2** 13
naturopatía **3** 8
navegante **1** 15
navegar **6** 9
navegar por Internet **7** 3
necesidad **1** 15
negar (e>ie) **4** 5, **8** 4
ni siquiera **3** 6
nido **2** 13
nombre propio **1** 6
nopal **4** 1
núcleo **6** 4
nuera **2** 2
nupcias **2** 4
obedecer **1** 6
obligación **3** 6
obligar **3** 8
obra de arte **3** 13
obrero municipal **3** 13
obstaculizar **3** 6
obstáculo **6** 9
ocupación **2** 6
ocurrente **1** 15
ofenderse **1** 9
okupas **7** 8
oler **4** 5
olla **4** 7
olor **4** 4
opción **1** 6
optar **3** 8
orador **8** 11
orgulloso/-a **1** 9
origen **1** 6
oro **5** 10
otorgar **2** 7
padecimiento **1** 15
paellera **4** 7
palpitaciones **6** 4
palta **8** 6
pantalla **7** 2
papas **8** 6
papel del líder **1** 9
parangón **8** 4
parar a **6** 10
parecerse **2** 4
parejas de hecho **2** 4
parentesco **2** 2
parsimonia **3** 13
pasar el aspirador **2** 8
pecado **1** 15
pecho **6** 7
pecoso/-a **6** 9
peculiaridad **8** 13
pedido **3** 13
pega **3** 3
pelar **4** 5
pelea **2** 11

percebe **4** 1
perejil **4** 5
perfeccionista **1** 9
perfil **1** 13
periodismo **3** 10
permanecer **5** 2
perpetuar **1** 6
persiana **5** 10
persistente **1** 15
pesar **4** 9
peso **5** 2
picardía **4** 5
piedra **3** 6
pierna ortopédica **6** 9
pilar **3** 6
pipa **2** 1
Piscis **1** 9
pista **6** 10
pista **8** 2
pizarra **5** 11
placer **1** 9
plácido/-a **1** 6
planilla **3** 13
plano/-a **4** 5
plantear **2** 12
plata **5** 9, **8** 6
plenamente **3** 6
pluriempleo **2** 6
poderoso/-a **5** 2
político/-a **2** 4
pollo de corral **4** 5
pollo de granja **4** 5
poner a punto **3** 3
poner en marcha **3** 1
poner la lavadora **2** 7
popularidad **4** 5
por encima **2** 13
porcentaje **2** 8
portátil **6** 10
portero **6** 10
posteriormente **3** 8
potencial **3** 13
precariedad **3** 6
precaución **4** 5
precipitarse **3** 13
preferencia **1** 7
prejuício **1** 9
prepotencia **8** 10
presión **5** 2
prestar un servicio **8** 2
prestigio **7** 3
pretender **2** 13
pretendiente **6** 9
principal **1** 6
proclive **6** 4
producir (c>zc) **3** 1
proliferación **5** 2
prolongación **2** 13
proporción **2** 4

proporcionar **3** 6
provenir **5** 2
Provenza **4** 5
psicólogo conductista **6** 4
pulpo **4** 1
puntiagudo/-a **5** 9
quilate **5** 10
química **6** 4
quiosco **3** 8
quiromasaje **3** 8
quitarse algo de
    encima **5** 11
quitar el polvo **2** 8
raíz **1** 6
rallar **4** 8
ramita **4** 5
rasgo **1** 9
rato **4** 5
ratón **6** 10
realmente **1** 6
rebanada de pan **4** 7
rebelde **6** 9
rebosante **6** 10
recabar **8** 8
recetar **3** 1
recién **1** 3
recién nacidos **1** 3
recio/-a **4** 5
reclamo **5** 2
recompensa **3** 8
recompensar **2** 11
reconocer **2** 6, **3** 8
reconstituido/-a **2** 4
recordar (o>ue) **1** 8
recuperar **5** 5
redactor/a de noticias **3** 10
reemplazo demográfico **2** 4
reflexivo/-a **1** 9
reflejar **2** 5
regar las plantas **2** 8
regatear **5** 1
registrar **1** 6
reina **3** 15
reír a carcajadas **6** 10
reivindicación **1** 6
relación de parentesco **2** 2
relatar **5** 7
relevo generacional **2** 13
reloj de pulsera **5** 10
renumerar **2** 6
renacentista **6** 8
renunciar **8** 4
repartir **2** 7
reparto **5** 5
repeler **2** 8
repercusión **1** 6
repercutir **1** 6
reportar **3** 8
reposar **4** 7

representación **1** 6
reputación **1** 6
residir **2** 4
resistencia **1** 9
resonancia **1** 6
respectivo/-a **8** 5
resplandeciente **1** 15
responsabilizarse (z >c)
    de **2** 11
responsabilidad **3** 6
resumir **1** 6
retención **8** 11
retirar **4** 7
reto **3** 6
retrato **1** 1
revelar **7** 3
revista de divulgación **7** 6
rey **3** 15
riada **8** 4
riesgo **3** 7
rígido/-a **3** 6
rímel **6** 10
rincón **1** 6
rito **2** 13
rodearse **1** 9
rodillo **4** 7
romero **4** 5
romper **6** 10
rondar **8** 8
ronquido **6** 10
rostro **6** 9
ruborizado/-a **6** 4
rufo del bildin **8** 8
rumbo **6** 9
ruptura **6** 4
sabiduría **4** 5
sabor **4** 4
sabroso/-a **6** 2
sacacorchos **4** 7
sacar brillo a brillo **6** 10
Sagitario **1** 9
salpicar **8** 8
salpimentar **4** 5
saltar **8** 4
salvar **2** 4
salvo **4** 5
salvo que **8** 2
sangre **2** 4
sartén **4** 7
satisfacción **3** 1
satisfacer **3** 8
secuestrar **7** 10
seguro **3** 3
selectivo/-a **6** 4
señalar **5** 10
sentido de deber **1** 9
sentido del olfato **4** 5
sentimiento **5** 7
separación **3** 8

septentrional **8** 8
ser capaz **3** 6
significado **1** 6
signo del zodíaco **1** 9
silencioso/-a **2** 4
sin estrenar **5** 10
sin plaza en propiedad **3** 3
sirvienta **6** 9
situarse **2** 13
sobrehumano/-a **6** 7
sobrepasar **8** 4
sobrevivir **3** 8
solicitar **6** 10
soltera **6** 10
solterona **6** 9
soñador **1** 9
soñoliento/-a **1** 15
sosegado/-a **1** 15
sospechar **7** 11
sospechoso/-a **7** 8
sostener **6** 4
spanglish **8** 8
suavizar **8** 11
súbdito **8** 4
suceso **3** 8
sucumbir **6** 4
sudoración **6** 4
suegro/-a **2** 2
suela **1** 15
sueldo **3** 3
sufrimiento **3** 8
sufrir **2** 4
sufrir un trauma **3** 8
sugerencia **3** 8
suponer **1** 6
supuesto/-a **7** 3
surgir **6** 9
susceptible **1** 9
sustancioso/-a **8** 8
sustituir **8** 11
sustraer **7** 8
tabla **8** 5
tachar **1** 12
taipear **8** 8
tamaño **5** 2
tardón **7** 8
tasa **2** 4
Tauro **1** 9
taxímetro **3** 1
taza de café **1** 1
techo **5** 10
temblor **6** 4
templado/-a **4** 7
tendencia **1** 9
tender (e>ie) la ropa **2** 8
tener una relación
    familiar **2** 1
testarudo/-a **1** 9

testimonio **8** 11
tez **1** 15
tierno/-a **1** 15
tigre **1** 15
timbre **6** 10
tinte **6** 10
tirando a bueno **3** 3
titubeo **8** 11
tocamiento **6** 4
tomillo **4** 5
tontería **1** 8
tormento **6** 2
torrija **4** 7
trabajador/a **1** 9
transeúnte **8** 8

transmitir **3** 6
trapecista **3** 15
trastorno **7** 3
tratar **1** 1
trayectoria **3** 6/8
tregua **3** 13
tufo del ajo **4** 5
turno **5** 1
tutearse **8** 2
tuteo **8** 2
unanimidad **5** 5
unir a **2** 2
urbano/-a **5** 2
usuario **7** 3
vacunar la carpeta **8** 8

vajilla **5** 10
valentía **3** 8
valía **3** 8
válido/-a **2** 4
valiente **1** 15
valor **2** 4
valorar **1** 9, **3** 6
vanguardista **1** 9
varón **1** 6
velado **6** 9
veneno **6** 2
venerar **8** 4
vergüenza **7** 8
vigilante **7** 8
vigor **8** 8

villano **4** 5
vinculado/-a **5** 2
vincular **2** 4
Virgo **1** 9
vivencia **8** 11
vocación **1** 15
vocacional **3** 11
volante **3** 3
voluntad **3** 8
vulgar **1** 15
yerbatero **1** 15
yerno **2** 2

Schlüssel

Lösungen zu den Übungen im Arbeitsbuch

Lección 1

1

acuerdo
Sí, estoy de acuerdo con eso.
Sin duda.
Sí, eso es verdad.
Desde luego.
Sí, claro.

acuerdo parcial
Yo estoy de acuerdo. Sin embargo...
Sí, es probable.
Bueno, en parte sí, pero...
Sí, puede ser, pero...
Puede que tengas razón, pero...

desacuerdo
A mí eso me parece una tontería.
No, en absoluto.
Pues yo no creo que eso sea verdad.
De ninguna manera.
Yo no lo creo.
No, qué va.

2
1. Pues yo sí.
2. No, qué va. / Pues yo creo que no.
3. Pues a mí sí.
4. Pues yo creo que no. / No, qué va.

3
1. influya
2. sea
3. es
4. revele
5. influye

4
sensible; susceptible; generoso; ambicioso; soñador; tímido; extrovertido

6
1. práctico
2. indeciso
3. emprendedor
4. sociable
5. discreto / reservado
6. reservado / discreto
7. inconstante

7
1. que
2. a quien
3. con quien
4. que
5. con quien
6. a quien
7. a quien
8. que

8
1. regalen
2. presentaras
3. llamaran
4. conocieras
5. invitaras
6. hablemos

Lección 2

1
Una propuesta:
1. primo (los otros tres parentescos forman tres generaciones)
2. sobrina (los otros tres parentescos forman tres generaciones)
3. hermana (es pariente directo, los otros no)
4. yerno (no es pariente directo)
5. nieta (es singular)

3
1. Quizás es / sea...
2. Puede que sea...
3. A lo mejor es...
4. Probablemente es / sea...
5. Es probable que sea...

4
1. comían
2. pasaban
3. celebraban
4. tenían
5. trabajaban
6. cenaban

7
De arriba a abajo y de izquierda a derecha:
hable; no hables; no hablen; bebe; beban; no beba; duerma; no duermas; no duerman

8
1. Haz las tareas de la casa.
2. Pon la televisión.
3. No te levantes temprano.
4. No salgas de paseo.
5. No te cortes el pelo.

9
1. discutas
2. cómprale
3. sienta
4. se enfaden
5. regálale

Lección 3

1
1-b-d   2-f-i   3-a-g   4-e   5-h   6-c   7-j

5
tú hicieras; tú hubieras hecho
él viniera; él hubiera venido
nosotras pudiéramos; nosotras hubiéramos podido
vosotras pusierais; vosotras hubierais puesto
ellos fueran; ellos hubieran sido/ido

6
a.
hubiera quedado; habría tomado; hubiera tomado;
me habría encontrado; me hubiera encontrado;
no me habría pasado; me hubiera pasado;
me habría bajado; me hubiera bajado; habría pisado;
hubiera pisado; me habría caído; me hubiera caído;
me habría torcido; me hubiera torcido;
me habría encontrado; me hubiera encontrado;
habría conocido; hubiera conocido;
me habría enamorado

7
2. Si no hubieras cambiado de bolso, no te habrías dejado las llaves en casa.
3. Si te hubieras llevado el paraguas, no te habrías mojado.
4. Si no hubieras estado hablando tanto tiempo por teléfono, no habrías llegado tarde al cine.
5. Si hubieras estado atento al aparcar el coche, hoy habrías encontrado tu coche.

9
Si heredara una fábrica de cemento, ...
Si tuviera un año de vacaciones, ...
Si me regalaran una jirafa, ...
Si me presentaran a Antonio Banderas / Penélope Cruz, ...
Si fuera invisible, ...
Si pudiera hacer un viaje al pasado, ...

Lección 4

1
carnes
conejo
pavo
ternera
pollo

pescados
atún
rape
pulpo
sardina
calamar
merluza

especias
tomillo
orégano
pimienta
perejil

legumbres
judías blancas
lentejas
arroz

frutas
melocotón
fresas
pera
manzanas

3
Tortillas de maíz: hasta; para que; estén; esté;
Cuando/En cuanto; hasta que; Cuando/En cuanto
Tacos de ternera: hasta que; Una vez que/Cuando/En cuanto; se espese

5
Mit Lehrbuch S. 36 vergleichen.

6
dorar; hervir; espolvorear; batir; rallar; asar; amasar; rehogar; empanar

Lección 5

2
a.
Propuestas aproximadas:

¿Cuándo?	los domingos por la mañana
¿Dónde?	alrededor de la Ribera de Curtidores, hasta la Ronda de Toledo
¿Qué grupos de gente van al Rastro?	artesanos, anticuarios, comerciantes, policías, compradores
¿Qué se vende?	artesanía, ropa, muebles, antigüedades, discos, ropa de segunda mano, telas, herramientas, etc.
Recomendaciones de la guía	no tomar el autobús, cuidar de las mochilas y bolsos, tomar cañas

b.
madrugadores; gangas; almoneda; hasta los topes; atasco

3
1. pero
2. en cambio
3. mientras que
4. sin embargo
5. aún así

5

1. Habitualmente lo llevan las mujeres, se suele llevar colgado del hombro...
2. La suelen utilizar los hombres. Se lleva en el cuello...
3. Suele llevarse en el cuello, normalmente es de tela...
4. Suele ser redondo e indica la hora.
5. Sirve para escribir
6. Se lleva en los dedos de las manos...

Lección 6

3

¿Cómo imaginaba Analía a Luis Torres antes de conocerlo?	¿Cómo era en realidad Luis Torres?
feo	bien plantado
enfermo	rostro simpático
contrahecho	boca infantil
rechoncho	barba oscura y bien cuidada
cara picada de viruelas	ojos claros de pestañas largas
cojo	bonito
medio calvo	bobalicón

6

c; e; a; f; d; b; g

7

pusieron; se parecía; recibió; leía; hablaba; mostró; llegó; tenían; embarcaron; habían concertado; se celebró; sintieron; sorprendió; era; vivió; estaba se había vuelto; era; aparecieron; sufrió; envenenaron; caminó

Lección 7

1

Radio
apagar
radioyentes
programa
emisora
noticia
emitir
encender

Internet
engancharse a
navegar por
chatear
conectarse
Red
ratón
publicar
arroba
internautas
bajarse de la Red

Televisión
apagar
canal
programa
emitir
pantalla
noticia
telespectadores
encender

Prensa
artículo
titular
publicar
noticia
lectores

2

Compras en Internet en España	
Software	28,7%
Cine	4,9%
Informática	17,8%
Música	14,7%
Publicaciones	21%
Inversiones	0,6%
Automóvil	0,8%
Ropa	1,0%
Otros	8,7%

3

Internacional: a – piden
Nacional: e – a causa de
Sociedad: d – es
Cultura: f – tuvo
Deportes: c – continuar
Economía: b – disminuyen

4

	Presente	Perfecto	Indefinido
yo	soy operado/-a	he sido operado/-a	fui operado/-a
tú	eres operado/-a	has sido operado/-a	fuiste operado/-a
él/ella/usted	es operado/-a	ha sido operado/-a	fue operado/-a
nosotros/-as	somos operados/-as	hemos sido operados/-as	fuimos operados/-as
vosotros/-as	sois operados/-as	habéis sido operados/-as	fuisteis operados/-as
ellos/-as/ustedes	son operados/-as	han sido operados/-as	fueron operados/-as

5

a. Figo fue operado ayer de la fractura de nariz que se produjo durante el partido del Madrid con el Galatasaray.
b. Cuatro adolescentes que intentaban pagar con billetes falsificados fueron detenidos ayer por la tarde por la policía.
c. 17 Personas, 14 de ellas de nacionalidad española, dos argentinos y un alemán, fueron detenidas por los efectivos antidisturbios.
d. Una tintorería ha sido condenada por la Audiencia de Vizcaya a pagar a una clienta un total de 1.000 euros por el deterioro de dos prendas de piel.

6

a. Han cerrado una escuela del Pirineo aragonés por la falta de niños.
b. La policía desalojó a 17 ocupas en la madrugada del lunes.
c. Los médicos del Centro Sanitario de Calafall atienden a una familia a causa de una intoxicación.
d. La biblioteca de Carborne prestó un libro en septiembre de 1948 y el hijo del lector lo ha devuelto este año.

4

Una propuesta. Se recomienda discutir las respuestas en clase.
1. Querido/-a...; ¡Hola!
2. Querido/-a...
3. Querido/-a...; Hola...
4. Querido/-a...; Estimado/-a...; Sr. / Sra. ...
5. Señoras y Señores

6

1. En los próximos diez minutos...
2. En primer lugar...
3. Para terminar...
4. Además...
5. En resumen...
...

Lección 8

1

Se recomienda discutir las respuestas en clase.
Nuestra propuesta:
1. usted; 2. tú; 3. usted / tú (depende del interlocutor);
4. usted; 5. usted; 6. tú; 7. usted; 8. usted; 9. tú; 10. tú

2

3	¡Cierra la ventana!
2	¿Podrías cerrar la ventana, por favor?
1	¿Tendría la amabilidad de cerrar la ventana?

1	Perdona, ¿me podrías dejar un bolígrafo?
3	Déjame un bolígrafo.
2	¿Me puedes dejar un bolígrafo?

3	¿Me prestas 5 euros?
1	¿Te importaría prestarme 5 euros? Es que me he dejado la cartera en casa.
2	¿Te importaría prestarme 5 euros?

3

a. señor, querido, estimado, apreciado, distinguido
b. Querido: no se usa si la persona es sólo un colega de profesión.
Querido: se usa con amigos.
Estimado: se usa para parecer más distante u objetivo.
c. Pibe y ñato
Pibe es un sinónimo de chico, muchacho.
Ñato es un término cariñoso sinónimo de amigo.

Quellenverzeichnis

S. 10:	Text: "¿Y cómo le llamamos?" aus Revista Quo, 21.01.2002 © QUO, Madrid
S. 14:	Karikatur: © EL MUNDO, Madrid
S. 15:	"Autorretrato" von Pablo Neruda © Pablo Neruda y Fundación Pablo Neruda, c/o Agencia Literaria Carmen Balcells, Barcelona
S. 17:	Karikatur: "Familiares en peligro de extinción" © Maitena, Buenos Aires
S. 18:	Text: "Diez modelos de familia" aus El mundo, 10.12.2001 © EL MUNDO, Madrid
S. 19:	Karikatur: Forges © Antonio Fraguas de Pablo, Madrid; Foto: © Raquel Otal, München
S. 20:	Statistik: aus El País semanal, 18.03.2001 © Diario El País, Madrid
S. 23:	Text: aus El País semanal, 4.11.2001 © Diario El País, Madrid; Foto: © Virginia Azañedo, München
S. 24:	Fotos: (1) + (4): MHV-Archiv (EyeWire); (2) + (5): MHV-Archiv; (3): © Claus Breitfeld, Madrid; (6): © Linda Cusimano, München
S. 26:	Text aus: "Golpe de Timón" aus El País semanal, 22.07.2001 © Diario El País, Madrid
S. 28:	Fotos: oben: MHV-Archiv (PhotoDisc); Mitte: © IFA-Bilderteam/Sellin; unten: © IFA-Bilderteam/Diaf
S. 30:	Text: aus "La Tregua" von Mario Benedetti © Mario Benedetti, c/o Agencia Literaria Mercedes Casanovas, Barcelona
S. 32:	Fotos: oben links: © Ketchum GmbH, München; oben rechts: MHV-Archiv (MEV); Mitte (2): © Spanisches Generalkonsulat – Handelsabteilung Düsseldorf; unten links: © IFA-Bilderteam/Diaf-SDP; unten rechts (2): mit freundlicher Genehmigung: www.mexicatessen.com
S. 35:	Foto: © Günther Müller, München
S. 42:	links oben: © Beate Dorner, München; rechts oben: MHV-Archiv. Text "Maneras de comprar, maneras de vivir" aus: El mundo vom 13.01.2001 © El MUNDO, Madrid
S. 45:	Text: "El día del padre" aus El País semanal, 18.3.2001 © Diario El País, Madrid
S. 48:	Foto: MHV-Archiv
S. 50:	Text: "El amor es química" aus El mundo, la Revista Nr. 121 © EL MUNDO, Madrid
S. 53	Text: "La Cibercenicienta" aus El mundo, 04.02.2002 © EL MUNDO, Madrid
S. 57:	Karikatur: Alfredo © Alfredo González Sanchez, Madrid
S. 58:	Text "Adictos al Internet" aus El País, 27.01.2001 © Diario El País, Madrid
S. 60:	Foto: MHV-Archiv
S. 63:	Fotos: links: © Virginia Azañedo, München; Mitte: © Günther Müller, München; rechts: © Virginia Azañedo, München
S. 64:	Fotos: oben und unten rechts: © Claus Breitfeld, Madrid; unten links: IFA-Bilderteam/IT-Stock; oben links und Mitte, unten Mitte: © Virginia Azañedo, München
S. 66:	Text: "Tutearse" aus El País, 14.08.1991 © Diario El País, Madrid
S. 68:	Text: "El vigor del Spanglish" aus El País, 15.04.1997 © Diario El País, Madrid.
S. 68/69:	Fotos: © Katharina Heuberger, München
S. 71/72:	Text "Cómo hablar bien en público" aus Revista Quo © QUO, Madrid
S. 75/76:	Fotos: s. S. 28. Text "Golpe de Timón": aus El País semanal, 22.07.2001 © Diario El País, Madrid
S. 78/79:	Text: "La Cibercenicienta" aus El Mundo, 04.02.2002 © EL MUNDO, Madrid
S. 85:	Foto: © akg-images
S. 95:	Foto: © Lamuv Verlag GmbH, Göttingen
S. 97:	Foto: © Ketchum GmbH, München
S. 101:	Foto: © Spanisches Fremdenverkehrsamt, München
S. 105:	Text aus: "Cuentos de Eva Luna" von Isabel Allende © Isabel Allende, c/o Agencia Literaria Carmen Balcells, Barcelona
S. 109:	Comic: Tornado Films, Madrid © Quino
S. 113:	Text: "Erik, el Belga" aus El Mundo, Magazine Nr. 121 © EL MUNDO, Madrid
S. 115:	Text aus: "De la vuelta al mundo en 80 mundos" von Julio Cortazar © Agencia Literaria Carmen Balcells, Barcelona

Wir haben uns bemüht, alle Inhaber von Bild- und Textrechten ausfindig zu machen. Sollten Rechteinhaber hier nicht ausgeführt sein, so wäre der Verlag für entsprechende Hinweise dankbar.